Georges Hausemer

Lesereise Baskenland

Georges Hausemer

Lesereise Baskenland

Die kochenden Kerle von der Muschelbucht

Picus Verlag Wien

Der Autor dankt dem Fonds culturel national, Luxembourg, und dem spanischen Fremdenverkehrsamt in Frankfurt am Main für die freundliche Unterstützung seiner Arbeit an diesem Buch.

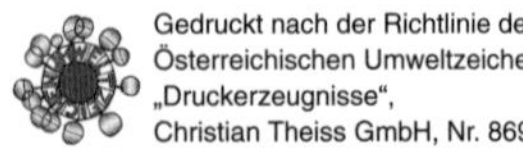

2., überarbeitete Auflage 2018

Grafische Gestaltung: Dorothea Löcker, Wien
Umschlagabbildung: © Georges Hausemer
Druck und Verarbeitung:
Christian Theiss GmbH., St. Stefan im Lavanttal
ISBN 978-3-85452-979-8

Informationen über das aktuelle Programm
des Picus Verlags und Veranstaltungen unter
www.picus.at

Inhalt

Donostia, mon amour

San Sebastián ist eine Stadt für Nostalgiker und wetterfeste Flaneure

Es war Liebe auf den dritten Blick. Als ich, an einem trüben Regentag Mitte der achtziger Jahre, zum ersten Mal durch das Baskenland fuhr, hielt ich dort gar nicht erst an. Zu ungesund erschienen mir die Wolken aus Industrieabgasen, die über den Städten hingen; zu schmutzig und chaotisch empfand ich deren Vororte; zu verschlossen, geradezu abweisend wirkten die Dörfer mit ihren grauen, gedrungenen Häusern und Bauernhöfen auf mich. Bei meinem zweiten Besuch ein paar Jahre später kam ich über die französisch-spanische Grenze. Erneut regnete es. Auf den sattgrünen Hügeln der westlichen Pyrenäen-Ausläufer erblickte ich hölzerne Chalets und grasende Kühe und hatte das Gefühl, versehentlich in der Schweiz oder im Schwarzwald gelandet zu sein. Erst bei meiner dritten Annäherung an Euskadi, wie die Region auf Baskisch heißt, lernte ich, dass auch dies ein Teil von Spanien ist. Ein ziemlich unbekannter zwar, aber deswegen keineswegs weniger reizvoll. Eine Welt für sich, die den meisten Erwartungen an

Spanien auf selbstbewusste Weise und äußerst vehement widerspricht.

Donostia, mon amour. Längst hat sich San Sebastián – oder Donostia, so der baskische Name – zu meiner absoluten iberischen Lieblingsstadt gemausert. Nirgendwo sonst im Land gehen die aristokratische Vergangenheit eines Ortes, seine unmittelbare Lage zwischen dem Atlantik und den Bergen mit seinem großstädtischen Alltag und seiner resolut modernen Gegenwart eine derart liebens- und lebenswerte Verbindung ein. Die vorbildlich erhaltenen Gebäude aus dem 19. und beginnenden 20. Jahrhundert verweisen auf jene glorreiche Zeit, als die Stadt am Golf von Bizkaia (spanisch Vizcaya) eines der renommiertesten Seebäder von ganz Europa war und nicht nur die spanischen Könige sich am mondänen Badeleben beteiligten.

Mit Fremden, die freilich nicht immer willkommene Gäste waren, kennen sich die *donostiarras*, wie die Einwohner San Sebastiáns genannt werden, genauso aus wie mit der Notwendigkeit, ihren Lebensraum ständig neu erstehen zu lassen. Nicht weniger als zwölfmal wurde die Stadt zwischen dem 13. und dem 19. Jahrhundert durch Brände zerstört. Aber es dauerte nie lange, bis man sich zum Wiederaufbau entschloss. Die verheerendste Feuersbrunst ereignete sich am 31. August 1813. Fünf Jahre zuvor hatten Napoleons Truppen die *ciudad maldita* – die »verdammte

Stadt« – eingenommen, nun standen die alliierten portugiesisch-britischen Armeen vor den Festungstoren. Die Kämpfe dauerten sechseinhalb Tage, mehr als die Hälfte der fünftausendfünfhundert Einwohner flüchtete oder kam bei den Gefechten und der Explosion eines großen Munitionslagers ums Leben. Von den sechshundert Gebäuden blieben nur zwei Kirchen und sechsunddreißig Häuser verschont. Vernichtet wurde damals nicht nur die Gegenwart, auch die Geschichte San Sebastiáns ging in Flammen auf. Die *casa consistorial* und das Stadtarchiv verbrannten und mit ihnen zahlreiche Handelsbücher, Pfarrregister sowie andere wichtige Dokumente über die Entstehung und Entwicklung des Ortes. Entsprechend spärlich sind heute die Informationen über dessen Ursprung.

Die erste urkundliche Erwähnung San Sebastiáns stammt, so viel steht immerhin fest, aus dem Jahr 1014. Sie verzeichnet eine Bauernsiedlung und ein Kloster im heutigen Stadtteil El Antiguo, außerdem einen Fischerhafen am Fuß des Monte Urgull. Vom 12. Jahrhundert an entwickelte sich der Ort zu einem geschäftigen Meereshafen, von dem aus König Sancho IV. Wein, Öl, Wolle und Leder aus seinem Reich nach ganz Europa exportierte. Da San Sebastián aufgrund seiner geografischen Lage ein militärisch bedeutender Grenzposten war, den es ständig gegen Angreifer aus dem Norden zu verteidigen galt, entstand knapp zweihundert Jahre später auf dem Urgull-Berg ein in der Folge häufig um- und ausgebautes Kastell, zu dessen renovierten Überresten heute ein ausgeschilderter Kulturpfad führt.

Relikte aus der kriegerischen Vergangenheit sind abseits des Festungshügels nur noch in bescheidener Zahl vorhanden. Überhaupt kommen Ruinen- und Denkmalfreunde in Donostia kaum auf ihre Kosten. Mehrere kunsthistorisch wertvolle Gebäude wurden in der zweiten Hälfte des 20. Jahrhunderts abgerissen, um – nach den Worten des Lokalchronisten Alonso Ibarrola – »vulgären Bauten, architektonischen Grausamkeiten und urbanistischen Todsünden« Platz zu machen.

Ihr heutiges Flair gewinnt die rund hundertsechsundachtzigtausend Einwohner zählende Stadt ohnehin nicht nur aus einem altehrwürdigen Dekor, sondern vor allem aus der Mischung von nördlicher Geschäftigkeit und quasi mediterraner *douceur de vivre*. Die beliebtesten Flaniermeilen Donostias säumen die drei Strände der Stadt: die Playa de Zurriola, die Playa de la Concha und die Playa Ondarreta. Auch diesen Promenaden mit ihren emblematischen Geländern, ihren verschnörkelten Lampen und den Jugendstilfassaden der sie säumenden Gebäude verdankt der Ort sein Renommee als elegantes See- und Kurbad, das von der Mitte des 19. Jahrhunderts an bis in die zwanziger Jahre wohl eine größere Ausstrahlung besaß als heute, da sich kaum noch ein Strandurlauber mit Dekadenzmythen und dem Charme von vorgestern zufriedengibt. Eine Schönwettergarantie konnte den Gästen ohnehin noch nie geboten werden. Auf der Liste der regenreichsten Städte Spaniens nimmt San Sebastián seit Jahr und Tag die vorderste Position ein. Doch woher stammt dann der legendäre Ruf?

Es war die noch junge Königin Isabella II., die den ersten Fremdenverkehrsboom in Donostia auslöste. Da sie an Lippenherpes litt und von ihren Ärzten Meerwasserkuren gegen ihre Krankheit verschrieben bekam, verbrachte sie hier zwischen 1845 und 1868 Jahr für Jahr die Sommermonate, umgeben von ihrem Hofstaat, vergnügungswilligen Aristokraten und anderen zahlungskräftigen Herrschaften. Deren Anwesenheit blieb nicht lange folgenlos. Viele regierende Monarchen und Adelige aus ganz Europa, mit denen die Königin in regelmäßigem Kontakt stand, besuchten sie in ihrer Sommerresidenz, die, verkehrstechnisch günstig, genau in der Mitte der Achse Madrid–Paris lag. Im Schlepptau der vornehmen Gesellschaft kamen weitere Sommerfrischler, hauptsächlich aus Frankreich und Großbritannien, um die Schlachtfelder wiederzusehen, auf denen sie zum Teil selbst gekämpft hatten. Schon 1848 wurde San Sebastián mit den berühmtesten europäischen Meereskurorten wie Brighton, Dieppe und Biarritz verglichen, und nach dem Abriss der alten Wehrmauern im Jahr

1863 konnte sich die Stadt landeinwärts ausdehnen. Damit war sie endlich ihrer jahrhundertealten Sorge enthoben, dem Meer immer wieder Neuland abgewinnen zu müssen.

Zudem erleichterte die königliche Präsenz eine weitere, wegweisende Entscheidung. Statt in der Bahía de la Concha, der damals schon berühmten Muschelbucht, einen Industriehafen anzulegen, beschlossen die Stadtväter, auf die touristische Karte zu setzen. Sie sollten es nicht bereuen. Um die vorletzte Jahrhundertwende kam die Eisenbahn, »das hunderträdrige Monstrum, das Rauch spuckte und lauter brüllte als ein Löwe«, wie es in einer zeitgenössischen Schilderung heißt. Später folgten die elektrische Straßenbahn und die elektrische Straßenbeleuchtung. Als eine der ersten Städte Nordspaniens wurde San Sebastián ans nationale Telefonnetz angeschlossen, und als erste Spanier überhaupt durften sich die *donostiarras* einer öffentlichen und obendrein unterirdischen Bedürfnisanstalt rühmen.

Der letzte Karlistenkrieg zwischen 1872 und 1876 setzte dem eleganten Kurtreiben ein vorläufiges Ende. Doch schon 1887 begann eine neuerliche, abermals von königlicher Seite initiierte Epoche des mondänen Badelebens. Von jenem Jahr an bezog Maria Christina von Österreich jeweils in der Hochsaison die Ayete-Residenz. 1893 ließ sie sich auf dem unmittelbar am Meer gelegenen Felsvorsprung Pico de Loro (Papageienschnabel) den Palacio de Miramar im englischen Cottage-Stil errichten. Gleichzeitig erweiterten mehrere luxuriöse Hotels und gleich zwei Spielkasinos die touristische Angebotspalette. Anfang des 20. Jahrhunderts waren die lokalen Etablissements in Baedekers Hotel- und Gastronomie-Führer mit mehr Sternen versehen als die Konkurrenzhäuser in Madrid und Barcelona, wo zu jenem Zeitpunkt jeweils mehr als eine halbe Million Menschen lebten, in der Stadt am Golf von Bizkaia hingegen nur fünfundvierzigtausend. Es war die Zeit, als der Strand streng in geschlechtsspezifische Sektoren unterteilt und genau vorgeschrieben war, wer wo und zu welcher Stunde sein Bad in den Wellen nehmen durfte.

Donostias glorreichste Stunde aber schlug bei Ausbruch des Ersten Weltkriegs. Spaniens Neutralität machte den Ort innerhalb kürzester Zeit zur kosmopolitischsten Stadt Europas, in der Hunderte von wohlhabenden Flüchtlingen aus dem Norden Unterschlupf fanden und für einen bislang ungekannten wirtschaftlichen wie kulturellen Aufschwung sorgten. Während der Belle Époque wurden im 1912 eröffneten Teatro Victoria Eugenia französische Operetten und russische Ballette aufgeführt. Mata Hari, Leo Trotzki und Maurice Ravel standen neben den berühmtesten Stierkämpfern und den einflussreichsten Bankiers an den Roulettetischen. Man gründete Tennis- und Golfclubs, legte sich ein Hippodrom und im nahen Lasarte sogar eine Automobilrennstrecke zu.

Doch einmal mehr war die glanzvolle Ära nur von kurzer Dauer. Als General Primo de Rivera 1925 das Glücksspiel verbot und die Kasinos schließen mussten, verblasste der Glanz San Sebastiáns. Warum General Franco vierzehn Jahre später ausgerechnet den Palacio de Ayete zu seinem Sommerdomizil erkor, gilt nach wie vor als ungelöstes Rätsel. Bis 1974 verbrachte der *Caudillo* hier, im Feindesland, dessen Sprache er verboten und das immer auf Seiten der Republikaner gestanden hatte, seine Ferien. Doch die Stadt profitierte, ganz im Gegensatz zu früher, dieses Mal nicht von der Anwesenheit der Herrschenden und Mächtigen des neuen Regimes. Vielmehr litt sie in den fünfunddreißig darauffolgenden Sommern bis hin in die jüngere Vergangenheit unter chronischem Besuchermangel. Beträchtliche Schuld daran trug wohl auch die Terrororganisation ETA (Euskadi Ta Askatasuna, Baskenland und Freiheit). Seit ihrer Gründung 1959 kämpfte die kriminelle Vereinigung mittels Entführungen, Lösegeldforderungen, sogenannten Revolutionssteuern, Morden, Anschlägen und Attentaten gegen den spanischen Staat und trat für ein unabhängiges Großbaskenland unter dem Namen Euskal Herria ein, das aus den drei spanisch-baskischen Provinzen Bizkaia, Gipuzkoa (spanisch Guipúzcoa) und Álava, der Provinz Navarra sowie Teilen des französischen Baskenlands bestehen sollte. »Tourist! Vergiss nicht, dass du hier weder in Spanien noch in Frankreich, sondern im Baskenland bist!«, mahnten die Plakate, die in den düstersten Gassen von Donostia zwischen der rot-weiß-grünen *ikurriña*, der baskischen Fahne, ETA-Graffitis und Schaufenstern voller baskischer Memorabilien klebten und jahrelang viele Ausländer von einem Besuch der Region abhielten.

Inzwischen ist der ETA-Terror Vergangenheit. Schon 2011 hatte die auf wenige Mitglieder geschrumpfte Gruppe angekündigt, den gewaltsamen Kampf zu beenden. Im Sommer 2014 entschuldigte sich erstmals ein verurteiltes ETA-Mitglied anlässlich einer Gedenkfeier öffentlich bei der Familie seines Opfers. Im April 2017 verriet die ETA den Autoritäten ihre letzten Waffenverstecke, die sich hauptsächlich auf der französischen Seite des Baskenlands befanden, und gab nach eigenen Angaben die übrig gebliebenen Waffen zurück.

Dennoch hat der Terror der ETA tiefe Wunden geschlagen, die bis heute nicht verheilt sind. Vierhundert Morde sind nach wie vor unaufgeklärt, worunter die Familien der Opfer bis heute leiden, während die Familien der Täter sich in regelmäßigen Kundgebungen für die Zusammenlegung ihrer kreuz und quer im Land inhaftierten Angehörigen oder ganz allgemein für eine Generalamnestie einsetzen und aus dem Gefängnis entlassene Mörder vielerorts immer noch eine bizarre Art Heldenverehrung genießen. Der Terror mag vorbei sein, die Auseinandersetzung mit der ETA und ihren Zielen ist es nicht.

Als Fremder mit Einheimischen über örtliche Politik ins Gespräch zu kommen, ohne sich auf vermintes Terrain zu begeben, ist daher geradezu unmöglich und keinesfalls angeraten. Zumal die Basken auch untereinander entsprechende Diskussionen eher meiden, wie vor einigen Jahren eine Umfrage ergab. Viel lieber unterhält man sich über ein unverfängliches meteorologisches Phänomen, das die liebevolle Bezeichnung *xirimiri* trägt. Damit gemeint ist der in San Sebastián so typische Sprühregen, der hier, ganz gleich zu welcher Jahreszeit, von einem Moment auf den nächsten einsetzen kann, aber offenbar die Nerven zu beruhigen, den Körper zu entspannen und das Ambiente mit Melancholie zu imprägnieren vermag. Seinetwegen kommt sich in der vom Halbrund der westlichen Pyrenäen-Ausläufer eingeschlossenen Stadt auch niemand lächerlich vor, wenn er sogar bei strahlendem Sonnenschein nicht ohne seinen Regenschirm vor die Tür geht. Die *txapela,* die bekannte Baskenmütze mit dem kecken Zipfel und der breiten, beide Ohren überragenden Krempe, wurde angeblich eigens zum Schutz vor dem *xirimiri* erfunden.

Die Insel der Unschuldigen

Wieso die Isla Santa Clara eigentlich zu Friesland gehört

Am 28. Dezember 2009, dem Tag der *Santos Inocentes*, war es wieder einmal so weit. Im Verlauf einer spektakulären, aber ganz und gar gewaltlosen Tag-und-Regen-Aktion setzte eine Gruppe Deutscher, hauptsächlich Friesen, und spanischer Gleichgesinnter in einem Motorboot zur Insel Santa Clara über, hisste dort die südfriesische Flagge und hielt unter freiem, leider stark bewölktem Himmel ihre alljährliche Ratsversammlung ab.

Das zeitweilig in Baskooge, Insel der Basken, umgetaufte Eiland liegt überaus fotogen in der Bucht von San Sebastián, zwischen den Bergen Igeldo und Urgull. Es ist einen geschätzten halben Quadratkilometer groß. Seit 2006 wiederholt sich die Besetzungssitte, sofern das Wetter mitspielt und der mit erheblichen Bestechungsgeldern angeheuerte Bootsmann sich nicht im letzten Moment aus Angst vor dem hohen Wellengang zurückzieht. Angeführt werden die Invasoren von Dr. Hans Harms, einem freiberuflichen Sozialwissenschaftler aus Jever, der mit einer andalusischen Flamenco-Tänzerin verheiratet ist und seit fast dreißig Jahren in der Hauptstadt der baskischen Provinz Gipuzkoa lebt. Seine norddeutsche Herkunft und die kurzfristige Belagerung der im Mittelmeer gelegenen spanischen Petersilien-Insel durch die marokkanische Polizei im Juli 2002 brachten den Soziologen auf die Idee, Santa Clara für jeweils einen Tag im Jahr für sein Volk zurückzuerobern. Ein Ansinnen, das durchaus seine geschichtliche Berechtigung hat, wie Dr. Harms erklärt: »Zur Hansezeit war Baskooge schon einmal von Friesen besiedelt. Damals bestanden sehr enge Handelsbeziehungen zu den Basken, etliche friesische Händler hatten ihren Geschäftssitz in San Sebastián. Demnach müsste Baskooge eigentlich als die südlichste aller Frieseninseln in unseren Geschichts- und Geografiebüchern verzeichnet sein.«

Nach Harms' Ansicht gibt es mehrere stichhaltige Belege für diese These. So geht der Name der heutigen Calle de los Esterlines in Donostia auf das Sterling-Silber zurück, das zur Zeit der Hanse eine der bedeutendsten Währungen im internationalen Geschäft war. Auf einen bedeutsamen Technologie-Transfer weisen zudem die aus der friesischen Schifffahrt stammenden Begriffe Steuerbord und Backbord hin, die als *babor* und *estribor* in die spanische Sprache übernommen wurden. Nach dem Zerfall der norddeutschen Kaufmannsverbünde Mitte des 17. Jahrhunderts sollen die meisten Friesen Baskooge verlassen haben. Allerletzte Reste eines kleinen Handels- und Fährhafens sowie ein winziges Gebäude, das einst angeblich als Rathaus diente, bezeugen noch heute die frühere friesische Besiedlung der Insel, die später als Isla Santa Clara dem Baskenland zugeschlagen wurde.

Im Jahr 2004 proklamierten die Friesen offiziell ihren Besitzanspruch auf Baskooge. 2006 wurde der Felsbrocken in der Concha-Bucht erstmals von Harms und seinen geschichtsbewussten Anhängern besetzt. Um verwaltungstechnische Korrektheit bemüht, wählte die Truppe ihren gut und gerne zwei Meter großen Anführer zum Bürgermeister des zurückeroberten Fleckchens und setzte die UN-Menschenrechtscharta, das friesische Handelsrecht, die deutsche Straßenverkehrsordnung (keine Geschwindigkeitsbegrenzung auf den ohnehin nicht vorhandenen Fahrbahnen!) sowie die norwegische Fischfangordnung in Kraft. Ferner wurde beschlossen, dass zur Einreise nach Baskooge keine besonderen Formalitäten nötig sind, außer für US-Bürger.

Böse Zungen behaupten indes, den baskisch-spanischen, also keineswegs friesischen Mitstreitern von Dr. Harms gehe es gar nicht um die längst überfällige Korrektur eines schwerwiegenden historischen Irrtums. Sondern in erster Linie um das rituelle Essen und Trinken, das jeweils nach dem Abschluss der eintägigen Inselinvasion gemeinsam eingenommen wird. Nach dem Absingen der friesischen Hymne und dem erneuten Einrollen der friesische Flagge, die kurioserweise erhebliche farbliche Übereinstimmungen mit der von San Sebastián aufweist, ansonsten aber eher einem Kinderbettlaken als einem Staatssymbol ähnelt, begeben sich die Eroberer nämlich unverzüglich in den Kochclub Aitzaki (das eigentliche Motiv des Aufstands?) in der donostiarrischen Altstadt. Dort bereitet der Chef der Bande allen Beteiligten nicht nur höchstpersönlich das friesische Nationalgericht zu, das aus Grünkohl mit Kassler, Wurst und Kartoffeln besteht, sondern sorgt ebenfalls für die nötigen Quantitäten an dazu passenden alkoholischen Getränken.

Doch wieso findet die Besetzung von Santa Clara stets ausgerechnet am 28. Dezember statt? »El Alemán«, wie alle den stadtbekannten Hünen nennen, braucht nicht lange zu überlegen. »Um Probleme mit der Erzaintza, der baskischen Polizei, und dem spanischen Militär zu vermeiden«, erwidert Dr. Harms mit geradezu staatsmännischer Schläue. Um die politisch-gesellschaftliche, aber auch die diplomatische Tragweite der baskisch-friesischen *reconquista* zu begreifen, muss man nämlich wissen, dass der Tag der »heiligen Unschuldigen« dem nördlich der Pyrenäen mit ähnlichen Tollheiten begangenen 1. April entspricht.

Ochsen in Wolldecken

Die baskische Variante von »Ferien auf dem Bauernhof«

Bauer sucht Touristen. Eine Frau hat Juan Cruz Balda Arruti nämlich schon: Kontxi. Anfangs fiel es der gebürtigen Andalusierin nicht leicht, sich in ihrem nordspanischen Exil heimisch zu fühlen. Die eigenwilligen Basken brauchen nämlich etwas Zeit, um mit Fremden warm zu werden, sie gar in ihr Herz zu schließen. Doch als fleißige Arbeiterin und freundliche Gastgeberin hat Kontxi sich inzwischen allseitigen Respekt verschafft. Und gleichzeitig ihrem Gatten zu neuem Selbstwertgefühl verholfen. »Als wir uns kennenlernten«, erinnert sie sich, »empfand Juan sich als minderwertig, weil seine Vorfahren Schafhirten waren und er nur Landwirt ist.«

Seit die beiden auf ihrem Hof in der Nähe von San Sebastián nicht mehr nur Getreide anbauen und Kühe, Schafe und Schweine halten, sondern ihr Wohnhaus modernisiert und zu einer Herberge mit sechs Gästezimmern ausgebaut haben, sind Juans Komplexe definitiv überwunden. »Heute weiß er, dass wir uns für unsere Arbeit nicht zu schämen brauchen. Dass das entbehrungsreiche

Leben auf dem Bauernhof für andere Menschen sogar ein Vorbild sein kann«, sagt Kontxi. Sie hat auch ein Gedicht zu diesem Thema verfasst. Es hängt, sauber gerahmt, im Treppenhaus des Gästebereichs und handelt von Jesús Balda, dem Großvater ihres Mannes, der Anfang des 20. Jahrhunderts als einfacher Hirte nach Kalifornien auswanderte, dort zum Besitzer einer dreitausendköpfigen Schafherde aufstieg und ein paar Jahre später als reicher Mann nach Spanien zurückkehrte.

Ebenfalls auf Kontxis Initiative hin wurde das Anwesen – das einst bescheiden Artzai Enea, Schäferhütte, hieß – in Zelai Eder, schönes Feld, umgetauft. Ein nicht nur stolzer, sondern auch werbewirksamer Name. Und etwas Reklame können die Besitzer durchaus gebrauchen. Der kleine Familienbetrieb ist nämlich Mitglied der Vereinigung Nekatur, die 1991 gegründet wurde, um den sogenannten *agroturismo* im Baskenland zu propagieren.

Wer in den drei Provinzen des País Vasco unterwegs ist, stößt hinter jeder zweiten Kurve auf ein Schild mit der Aufschrift »*Nekazalturismoa*« – einer jener baskischen Zungenbrecher-Ausdrücke, die man sich ganz genau anschauen sollte, bevor man sie korrekt auszusprechen versucht. Dieses Logo weist darauf hin, dass ganz in der Nähe einer jener rund zweihundertsiebzig *caseríos* zu finden ist, die Ferien der rustikalen

Art anbieten. Unterschieden wird dabei zwischen teils jahrhundertealten Bauernhöfen, auf denen noch aktiv Landwirtschaft betrieben wird, und modernen Anwesen, die in landschaftlich interessanter Umgebung angesiedelt, deren Besitzer aber nicht oder nicht mehr als Bauern oder Viehzüchter tätig sind.

Edurne Iriondo und Patxi Aranburru beispielsweise verdienten ihr Geld bis vor Kurzem als Gymnasiallehrer in Donostia. Dann ließ das Paar, vom Unterrichten ausgebrannt, auf dem Berg Igeldo, mit unverstellbarem Blick über den Atlantik und im Stil der traditionellen baskischen Bauernarchitektur, die Casa Maddiola errichten: ein Chalet-ähnliches Haus mit sechs Gästezimmern, geräumigem Esszimmer, Wellness-Bereich und kostenlosem Internetzugang. Doch auch die Wünsche großstädtischer Familien auf der Suche nach authentischem Landleben werden in der Casa Maddiola erfüllt. In den angrenzenden Ställen halten die Herbergsbetreiber ein paar Zwergziegen, drei Stiere und mehrere Exemplare der alten, inzwischen selten gewordenen baskischen Ponyrasse Pottok. Bei ihren jungen Gästen sind diese ungewöhnlich kleinen Pferde besonders beliebt, wie Patxi zu erzählen weiß.

Die Basken selbst schätzen mehr die Ochsen, wie sich auf einem *Nekazalturismoa*-Hof in dem Städtchen Elorrio zeigt. Hier, etwa vierzig Kilometer westlich von Bilbao, liegt der Betrieb der

Familie Marzana Ugarte, eine *casa rural* mit vier Doppelzimmern und einem zusätzlichen Überraschungsmoment, das den nicht mit baskischen Gepflogenheiten vertrauten Besucher im ersten Moment völlig verblüfft. Hinter dem Hauptgebäude versteckt sich ein Stall voller Ochsen, die als wahrhaftige Profisportler zu bezeichnen sind. Imanol, der Hausherr, erläutert den verdutzten Gästen einige Details. *Idi probak* nennt sich die seltsame Sportart, die darin besteht, zwei Rindviecher einen gewaltigen Steinblock möglichst schnell über eine Distanz von knapp dreißig Metern ziehen zu lassen. Zu den Veranstaltungen in der ausgefallenen Disziplin, die ausschließlich in diesem Teil der Provinz Bizkaia betrieben wird und die dem Besitzer der *idis* – so heißen die vierbeinigen Athleten auf Baskisch – bei entsprechendem Können manch hübsches Sümmchen aufs Konto bringen, pilgern die Einheimischen in Scharen.

Beim Betrachten der ausgeklügelten und sachverständig hergerichteten Übungspiste vor Imanols *caserío* erkennt man gleich, dass die Ochsen aus seinem Stall als wahre Meister ihres Faches zu gelten haben. Die im Hausflur ausgestellten Pokale erinnern an zahlreiche gewonnene Meisterschaften. Erst wenige Tage zuvor wieder durften sich zwei von Imanols *idis* die Siegerkränze umhängen lassen. Im Moment ruhen sich Txikia und Navarro, die beiden Champions, von den sportlichen Strapazen aus. Träge liegen sie auf dem mit Heu bequem gepolsterten Stallboden, genüsslich vor sich hin kauend und in dicke, flauschige Wolldecken gehüllt, weil sie so kurz nach den extremen körperlichen Anstrengungen ganz besonders anfällig für Erkältungen oder andere Infektionskrankheiten sind.

Ebenfalls in Elorrio ist Feliciana Alberdi Olabegoya zu Hause und führt dort einen agrotouristischen Musterhof. Auf den ersten Blick sieht man dem aus unbehauenen Natursteinen errichteten Wohnhaus des Anwesens Arabio Azpikoa – noch einer dieser merkwürdigen baskischen Namen – seinen land- und gastwirtschaftlichen Zweck gar nicht an. Vor dem Küchenfenster baumelt ein Kranz knallroter Paprika, im Garten nebenan surren die Bienen um bunt bemalte Holzkästchen, es riecht nach frisch gemähtem Gras – eine Idylle, in der man sich tatsächlich nur glückliche Landurlauber vorstellen kann. Zumal Doña Feliciana ihren Gästen nicht bloß Frühstück serviert, sondern auch mittags und abends selbst am Herd steht, regionaltypische Gerichte zubereitet und ihre Familie mit den Fremden gemeinsam die Mahlzeiten einnimmt – so stellen sich die Nekatur-Verantwortlichen den idealen Herbergsbetrieb vor. Nicht als anonymes Dienstleistungsunternehmen, sondern als eine auf persönlichen Kontakten basierende Integrations- und Kooperationsinitiative, die Menschen unterschiedlichster Herkunft miteinander ins Gespräch bringen will, gegenseitiges Kennenlernen und Verstehen sowie das friedliche Zusammenleben im Respekt vor der Natur fördern möchte.

In der Nekatur-Zentrale in San Sebastián freilich weiß man, wie schwer es den Initiatoren des Projekts anfangs fiel, ihrer Philosophie Gehör zu verschaffen. »Zu Beginn«, erinnert sich Idoia Ezkurdia Iturrioz, die technische Koordinatorin der Vereinigung, »war es nicht leicht, die seit jeher konservativ eingestellten Landwirte und Viehzüchter von unseren Plänen zu überzeugen. Es dauerte lange, sie dazu zu bewegen, Teile ihrer Häuser für Touristen einzurichten, und ihnen die Einsicht zu vermitteln, dass sich dies auch auszahlt.« Umdenken aber mussten die Einheimischen Ende der achtziger, Anfang der neunziger Jahre ohnehin. Nicht nur die Eisenhütten, die Schiffswerften und der Tourismus im Baskenland steckten in der Krise, sondern vor allem die gesamte Land- und Viehwirtschaft, die immer mehr Arbeitsplätze an die Industrie verlor. Hinzu kam, dass das bäuerlich geprägte, landschaftlich zwar äußerst reizvolle, aber strukturell rückständige baskische Hinterland, im Gegensatz zu den Küstenregionen, noch nie richtig vom Fremdenverkehr profitiert hatte.

Erst nachdem sechsundzwanzig Gründungsmitglieder sich 1991 zum *Nekazalturismoa*-Verbund zusammengeschlossen hatten, besann man sich der natürlichen Reichtümer der Region, die viel zu lange unberücksichtigt geblieben waren. Das neue touristische Vorhaben rückte nicht nur die historischen, kulturellen, sozialen und ökologischen Eigenheiten der Gegend in ein anderes Licht. Es trug vor allem dazu bei, den Bauern neue Einkommensquellen zu verschaffen, die regionale Wirtschaft anzukurbeln und den Fremdenverkehr geografisch weiter zu streuen.

Über fünfundzwanzig Jahre später steht fest, dass sich das anfangs argwöhnisch beäugte Konzept bestens bewährt hat. Seit 2006 werden jährlich über hunderttausend Gäste gezählt, die von den *Nekazalturismoa*-Angeboten profitieren. Noch kommen rund achtzig Prozent davon aus Spanien selbst, hauptsächlich aus Katalonien und Madrid, doch die Zahl der Besucher aus dem Ausland, vor allem aus Frankreich, Deutschland und Italien, steigt stetig an.

In manchen *caseríos* geht die Realität des *Agroturismo*-Gedankens sogar weit über den bloßen Service für Unterkunft und Verpflegung, der zu sozialen Preisen angeboten wird, hinaus. Auf dem Hof von Yosu Uriarte Albizuri etwa, der im Hauptberuf als Fernsehtechniker tätig ist und Landwirtschaft nur nebenberuflich betreibt, birgt ein kurzer Landurlaub zugleich die Einladung zu einer Reise in die Vergangenheit. In den vier Gästezimmern von Imitte-Etxebarria herrscht der Charme alter, vermeintlich besserer Zeiten. »Genau das ist es«, wie Yosu erklärt, »was die aus den Großstädten flüchtenden Urlauber und die Wochenendausflügler in den *caseríos* suchen: einen Hauch von Nostalgie, unmittelbaren Kontakt zur Natur, gesunde Luft und Ruhe.«

Als zusätzliche Attraktion hat sein einsam gelegenes, beschauliches Gehöft eine *ermita* aus dem frühen 18. Jahrhundert zu bieten, ein Mittelding zwischen Kirche und Kapelle. Darin versammelten sich einst die Bewohner der umliegenden Höfe zum Gebet. Sogar die Glocke funktioniert noch, unlängst erhielt das gedrungene Gebäude, das nur noch selten seine eigentliche Funktion zu erfüllen hat, ein neues Dach. Es soll das allmähliche Verrotten der schweren Holzbänke und des kleinen Altars mit der Muttergottesstatue im Inneren verhindern, denn schließlich steht das Baskenland im Ruf, ein extrem verregneter Landstrich zu sein.

An manchen Tagen mag das stimmen; an vielen anderen entpuppt sich diese Ansicht ebenso als Vorurteil wie die Behauptung, die Einheimischen seien mundfaul, unzuverlässig und von störrischem Charakter. Yosu beweist das Gegenteil. Oder Kontxi, die resolute Bäuerin aus Donostia. Aber die stammt ja eigentlich aus Andalusien.

Das steinerne Buch der Erde

In dem Küstenstädtchen Zumaia kann man darin lesen

Vor rund fünfundsechzig Millionen Jahren soll es passiert sein. Ein Asteroid von zwölf Kilometern Durchmesser raste vom Himmel und schlug im Norden der mexikanischen Halbinsel Yucatán ein. Die Folgen des Aufpralls waren dramatisch. Auf mehreren Hundert Kilometern wurde die Erdkruste regelrecht abgeschält. Eine gewaltige Druck- und riesige Flutwellen umkreisten den Globus. Billionen Tonnen Gestein wurden als glutflüssige Materie in die Erdumlaufbahnen geschleudert und verursachten bei ihrem Wiedereintritt in die Atmosphäre einen tagelangen Meteoritenregen, der alles in Flammen setzte. Sämtliche Lebewesen, die nicht in tiefen Höhlen oder in großer Meerestiefe geschützt waren, verbrannten in den extrem hohen Temperaturen.

»Diese Katastrophe nennt man in Fachkreisen das ›KT-Event‹«, erklärt Jon Paul Llordes Arrátibel. »Es ist das Ereignis, das den Übergang von der Kreidezeit zum Tertiär, zwischen Erdmittelalter und Erdneuzeit markiert.«

Wir stehen hinter der Wallfahrtskapelle von San Telmo, dem Schutzpatron der Seeleute. Bereits im frühen 16. Jahrhundert wurde zu Ehren des Heiligen dieses schlichte, gedrungene Gebetshaus am äußersten Rand des Städtchens Zumaia errichtet, hoch über dem Itzurun-Strand, auf dem Gipfel eines jäh abfallenden Felsens. Von hier aus hat man einen grandiosen Blick hinaus aufs Meer und hinüber zu den zerklüfteten Klippen, an deren Fuß sich gewaltige Wellen krachend am Gestein brechen.

Jon, Sohn eines katalanischen Vaters und einer baskischen Mutter – wie sein Nachname verrät –, ist von Beruf Geologe und nebenbei auch noch Fremdenführer. Eine ideale Kombination in Zumaia, denn das Neuntausend-Einwohner-Städtchen an der kantabrischen Küste wartet mit einer geologischen, nirgendwo sonst in Spanien anzutreffenden Besonderheit auf. »Das da ist Flysch!«, sagt Jon und deutet den Abhang hinunter zu einer lang gezogenen felsigen Plattform, die bei Ebbe mit Tausenden von Zacken aus dem Wasser ragt und als eine der ausgedehntesten Erosionsflächen in Europa gilt.

Flysch? Nun, der Laie erkennt zunächst nur seltsam verformte Gesteinsschichten, die einem riesigen Blätterteigkuchen aus Felsmaterial ähneln. Doch spätestens beim Besuch des Algorri-Informationszentrums, das früher einmal der Schlachthof von Zumaia war, wird er dem nicht nur für spanische, sondern auch für baskische Ohren ungewöhnlich klingenden Begriff auf die Spur kommen. Der Ausdruck »Flysch«, so steht auf einer Schrifttafel zu lesen, stammt vom deutschen Wort Fliese ab und ist vor allem in der Schweiz und in Österreich gebräuchlich. In der Wissenschaft vom Aufbau und von der Entwicklung der Erde bezeichnet Flysch »eine in ihrer Gesteinszusammensetzung abwechslungsreiche Wechselfolge von oft kalkhaltigen Sandsteinen und Tonsteinen«.

So viel zur Theorie. Eine ungleich anschaulichere Erklärung hält Jon parat: »Flysch ist das steinerne Geschichtsbuch der Erde, und die verschiedenen Sedimentschichten sind die einzelnen Blätter, von denen man die wichtigsten erdhistorischen Ereignisse aus hundert Millionen Jahren ablesen kann.« In dieser ungewöhnlichen Kladde ist demnach auch die verheerende Kollision in Mexiko festgeschrieben, die angeblich für das Aussterben der Dinosaurier verantwortlich war.

Dass man für eine solche Lektüre ein geschultes Auge braucht, versteht sich von selbst. Es sei denn, man hat einen Spezialisten wie Jon an seiner Seite, der einem anhand der Schaubilder im Algorri-Gebäude erläutern kann, welche Informationen auf ewig im Gestein festgeschrieben sind und wie diese gedeutet werden können. Starke Konzentration von Iridiumstaub aus dem Weltall, magnetische Nanopartikel, geschmolzener Granit und durch Schockwellen komprimierter Quarz – all diese geologischen Anomalien, die von den

Forschern aus dem Flysch von Zumaia herausgelesen wurden, lassen sich nur, so der derzeitige Stand der wissenschaftlichen Untersuchungen, durch einen Asteroideneinschlag erklären.

Flysch ist freilich zu spektakulär, um ausschließlich durch das Mikroskop beobachtet zu werden. Aus diesem Grund erwartet uns »Jonny Maracas«, ein kleines Ausflugsboot, das seine Passagiere ein paar Hundert Meter auf das offene Meer hinausbringt. Aus dieser Perspektive, von der Seeseite her, lassen sich die steilen Felswände an dem acht Kilometer langen Küstenabschnitt zwischen Zumaia und dem Nachbarort Deba besonders gut betrachten. Bis zu hundertfünfzig Meter hoch ragen die fast senkrechten Klippen aus dem Wasser. Landeinwärts, gleich hinter der Abbruchstelle, leuchtet das saftige Grün der Wiesen auf, wo da und dort ein paar furchtlose Kühe sich beim Grasen bis ganz nah an die Kante wagen.

Im Jahr 2008 wurden das Gezeitenplateau und die Felslandschaft zwischen Zumaia und Deba zum »geschützten Biotop« erklärt. Sehr zur Freude von Jon, seinen Kollegen und Mitstreitern, »denn damit sind Tausende von Lebensformen gerettet: seltene Pflanzen und Tiere, die sich in diesem durch die unablässige Erosionsarbeit des Meeres charakterisierten Habitat niedergelassen haben«.

Zudem sind die beiden Gemeinden, gemeinsam mit den Nachbarn aus Mutriku, seit 2010 Mitglied im »Europäischen Netzwerk der Geoparks« und somit, seit November 2015, auch Teil des »International Geoscience and Geoparks Programme« der UNESCO. Die Aktivitäten dieser 2000 gegründeten Initiative zielen darauf, in Regionen mit einer einzigartigen Landschaft, besonderen Fossil- oder Mineralfundstellen oder bedeutenden geologischen Formationen den Menschen vor Ort ihr natürliches Erbe näherzubringen, Identifikation mit der Region zu schaffen und Tourismus und Regionalentwicklung zu fördern.

Um ein Haar wäre eine solche Mitgliedschaft allerdings nie möglich gewesen und die Geschichte des baskischen Flyschs hätte eine ganz andere Wendung genommen, wie Jon sich mit Schrecken erinnert. Zu Zeiten von General Franco gab es nämlich Pläne, die sprungtischartigen Felsblöcke zwischen Zumaia und Deba großräumig abzuglätten und mitten in die grüne Natur eine Nuklearanlage zu klotzen. Zum Glück für diesen Teil der baskischen Küste, wenn nicht gar des Baskenlands schlechthin, wurde das Projekt nach Francos Tod 1975 nicht weiterverfolgt. So konnte sich die gesamte Region einem naturverbundenen, nachhaltigen Tourismus verschreiben und ist in der Lage, ihre Besucher weiterhin mit jahrmillionenalten Schätzen zu verblüffen.

Der Guggenheim-Effekt

In Bilbao hat die postindustrielle Zukunft längst begonnen

Jahrzehntelang hatte die Stadt keinen guten Namen. In die Schlagzeilen geriet Bilbao immer dann, wenn ETA-Bomben explodiert waren, ein besonders krasser Fall von Umweltverschmutzung bekannt wurde, die Polizei einen Drogenring auffliegen ließ oder eine weitere Kohlegrube, noch eine Eisenerzmine, eine Werft, ein weiterer Industriebetrieb schließen musste. Gefährlich, grau und stinkend – das waren nicht gerade fremdenverkehrsförderliche Attribute. Doch das alles hat sich in den letzten zwanzig Jahren gründlich geändert.

Kaum ein europäischer Ort hat in dieser Zeitspanne einen so abrupten Imagewandel durchlebt wie die Hauptstadt der baskischen Provinz Bizkaia / Vizcaya. Aus der ehemals tristen Industriestätte, die im Gefolge der europaweiten Krise von Kohle, Stahl und Erz ab Mitte der siebziger Jahre in eine tiefe soziale und wirtschaftliche Depression verfiel und wo ausländische Besucher lange als seltene Spezies galten, ist in Rekordzeit ein weltweit bekanntes touristisches Ziel geworden. Der Auslöser dieses Wandels trägt einen wohlklingenden Namen: Guggenheim. Das Museum für zeitgenössische Kunst am Ufer des Flusses Nervión verkörpert wie kein zweiter Bau das neu erblühte Selbstbewusstsein Bilbaos, das sich mit einem erstaunlichen Wirtschaftsaufschwung ins 21. Jahrhundert katapultiert hat. Als ökonomisches Zentrum und als Fixpunkt auf der Weltkarte des Kulturtourismus ist die viertgrößte Stadt Spaniens auf dem besten Weg, den Abstand zu den scheinbar übermächtigen Konkurrenten Madrid und Barcelona radikal zu verkürzen.

Dabei wagten es anfangs nicht einmal die Initiatoren und Befürworter von Frank O. Gehrys avantgardistischem Bau, dessen im Nachhinein als »Guggenheim-Effekt« bekannt gewordene Konsequenzen zu prophezeien. Im Gegenteil, schon lange vor Eröffnung des Museums witterten einheimische Kritiker in dem kostspieligen Handel zwischen der baskischen Regionalregierung, der Stadt Bilbao und der Solomon R. Guggenheim Foundation einen Verrat an der lokalen und nationalen Kunstszene. Skeptiker warnten davor, dass die europäische Klientel diese Form von »amerikanischem Kulturimperialismus« niemals akzeptieren und dem Projekt ein nicht kalkulierbares Betriebsdefizit bescheren würde.

Lauter Fehleinschätzungen, wie sich inzwischen herausgestellt hat. Seit seiner Eröffnung im Oktober 1997 werden, statt der erwarteten vierhundertfünfzigtausend, jährlich rund eine Million Eintrittskarten für das »Guggen«, wie die *bilbaínos* ihr Museum getauft haben, verkauft. 2017 kamen, wie auch in den Jahren zuvor, etwa zwei Drittel der Besucher aus dem Ausland, hauptsächlich aus Frankreich, Großbritannien, Deutschland, den USA und Italien. Mehr als zwei Drittel gaben an, einzig und allein des Museums wegen nach Bilbao gereist zu sein. Dank dieser Zahlen erreicht das Haus eine Selbstfinanzierungsquote von fünfundsechzig Prozent, vergleichbar nur mit der Londoner Tate Gallery und dem Louvre in Paris.

Auch die Stimulierung der baskischen Wirtschaft durch die Guggenheim-Aktivitäten war in dieser Größenordnung nicht erwartet worden. Bei konstanten Besucherzahlen oberhalb der Millionengrenze generiert das Haus jährlich vierhundertfünfundachtzig Millionen Euro an Ausgaben seitens der Besucher. Hinzu kommen sechsundsechzig Millionen Euro Steuereinnahmen. Zudem trägt das Guggenheim Bilbao nach Angaben der Museumsleitung zur Sicherung von mehr als neuntausend Arbeitsplätzen in der Stadt und der Region bei, in der 1,1 Millionen Menschen und somit die Hälfte aller Basken leben. Insgesamt lassen sich die dank Guggenheim getätigten Ausgaben in den zwanzig Jahren seit dem Bestehen des Museums auf rund 4,6 Milliarden Euro beziffern – das rund Fünfzigfache der Baukosten, die sich seinerzeit auf fünfundachtzig Millionen Euro beliefen und über die damals heftig debattiert wurde.

Dass der Um- und Aufbruch in eine neue Gründerzeit nicht ganz reibungslos vonstatten ging, liegt auf der Hand. »Die Geschichte wiederholt sich«, behauptete schon im Eröffnungsjahr die Fremdenverkehrsexpertin Marta Astorqui. Gemeint waren die jahrelangen Diskussionen über Sinn und Zweck eines solch prestigeträchtigen Museums in einer Stadt, die seit dem 18. Jahrhundert immer nur von ihrem Renommee als Handelsmetropole und Zentrum der Eisenhütten- und Schiffbauindustrie gezehrt hatte; gemeint waren ebenfalls die nicht selten polemisch geführten Debatten über die Ambitionen der Stadt- und Regionalpolitiker, welche die in ihrer industriellen Hochzeit reichste Stadt Spaniens als Kulturzentrum des 21. Jahrhunderts etablieren wollten. Die Ansicht, dass die Seefahrer und Geschäftsleute, die einst eine herausragende Rolle im Handel mit Amerika spielten, die Fischer und Handwerker, die Industriebarone und ihre Arbeiter nicht viel mit Kultur am Hut hätten, hatte sich schon einmal als Irrtum erwiesen.

Ein ähnlicher Zwist hatte sich nämlich bereits vor gut hundert Jahren zugetragen. Damals zählte Bilbao fünfundfünfzigtausend Einwohner, die ihre Heimatstadt nicht nur wegen der Lage im tiefen Tal des Nervión mit dem wenig schmeichelhaften Namen *el botxo*, das Loch, titulierten. Dessen steile Karriere als industrielle Boomtown hatte gerade erst begonnen, als es vor der Eröffnung des nach dem 1806 hier geborenen Komponisten Juan Crisóstomo de Arriaga benannten Theaters zu heftigen Kontroversen über die Daseinsberechtigung einer solchen Einrichtung kam. Den Erbauern jenes Schauspielhauses wurde falscher Ehrgeiz und Prunksucht, ja Größenwahn vorgeworfen, den Aufführungen fehlende Publikumsresonanz prophezeit. Um so überraschter mussten die Kritiker am 31. Mai 1890, dem Eröffnungstag, einen Zuschauerandrang zur Kenntnis nehmen, der so überwältigend war, dass diejenigen *aficionados*, die keine Eintrittskarten erhalten hatten, sich Musik und Gesang der dargebotenen Oper über Telefon anhörten. »Damals wie heute«, so die Überzeugung von Señora Astorqui, »wurde das Kulturinteresse der Bevölkerung gründlich unterschätzt.«

Inzwischen kennzeichnet nicht mehr nur der Faktor Kunst Bilbaos Aufbruch in die postindustrielle Zukunft. Vor allem architektonisch und urbanistisch hat sich die Stadt in den letzten Jahren spektakulär gewandelt. Das Guggenheim, ein hundertvierunddreißig Meter langes und bis zu fünfundzwanzig Meter hohes Jahrhundertbauwerk aus Titan, Kalkstein und Glas, das sich, je nach Blickwinkel, wie ein gestrandetes Schiff, ein aus einer Zauberwelt entsprungenes Reptil oder ein aufgeplatztes Soufflé in Szene setzt und in dem es keinen einzigen rechten Winkel gibt, war nur der Auftakt zu einem mehrstufigen Stadtentwicklungsprozess, der längst nicht abgeschlossen ist. Zunächst wurden auf dem fünfunddreißig Hektar großen innerstädtischen Abandoibarra-Areal zwischen Gehrys Museum und dem 1999 eröffneten Konzert- und Kongresszentrum Euskalduna die einstigen Gleis- und Hafenanlagen entfernt. Die letzten Fabriken, längst aufgegebene Depots und verlassene Werkshallen auf dem Gelände einer ehemaligen Werft, hat man abgerissen und an ihrer Stelle eine begrünte Uferlandschaft mit Spazierwegen, Bänken, Spielplätzen, Wasserspielen, Skulpturen und Haltestellen für die neue Straßenbahnlinie angelegt. Zudem wurde hier ein neues Schifffahrtsmuseum errichtet, das die lange Historie und viele Geschichten über die tüchtigen baskischen Seefahrer und Fischer erzählt und von Auswanderungswellen und vom Geschäftssinn und Fleiß der zahlreichen baskischen Emigranten berichtet, die vorzugsweise nach Südamerika zogen.

Mit Nachdruck wird das Abandoibarra-Projekt weiter vorangetrieben. In Sichtweite des Museums liegt nicht nur das vom Designer Javier Mariscal aus Barcelona gestaltete Gran Hotel Domine. Auf dem Areal sind auch mehrere Apartmenthäuser entstanden. Gleich nebenan erhebt sich der hundertfünfzig Meter hohe Büroturm, unweit der ebenfalls neu entstandenen Bibliothek der am gegenüberliegenden Ufer des Nervión liegenden Universität von Deusto. Dank der Umgestaltung des Bezirks wird ein Großteil jenes Raumes frei, den die zwischen sieben grünen Hügeln eingekeilte Stadt für ihre Expansion so dringend benötigt hat.

Einmal mehr wiederholt sich die Geschichte. Denn Bilbaos größtes Problem ist seit jeher der Platzmangel. Die Entwicklung der Stadt ist seit ihrer Gründung im Jahr 1300 eng mit den einschränkenden geografischen Gegebenheiten verbunden. Bereits im 15. und 16. Jahrhundert, als die Jakobspilger auf ihrem Weg nach Santiago de Compostela durch das Baskenland zogen und sich die wirtschaftlichen Beziehungen zu West- und Nordeuropa zu entwickeln begannen, erforderten die intensiven Handelsaktivitäten eine Überwindung der alten Stadtmauern. Diese mündete 1876 in die Pläne für das *ensanche*, die erste Stadterweiterung auf der linken Seite des Nervión. Hier, vierzehn Kilometer vom offenen Meer entfernt, bot der Fluss ideale Voraussetzungen für Hafenanlagen und den Bau eines neuen Bilbao mit geradlinigen Avenuen und Boulevards, weitläufigen Plätzen und den herrschaftlichen Häusern der Haute Bourgeoisie. In dieser eleganten Umgebung siedelten sich die neu gegründeten Finanzinstitute und die Börse an; die einflussreichen Schifffahrtsgesellschaften und Stahlunternehmen ließen sich pompöse Verwaltungsgebäude errichten.

Es war die Zeit, als in Zeitungsanzeigen für die angeblich gesundheitsfördernden Eigenschaften des Rauchens geworben und Tabak als Wundermittel gegen alle möglichen Krankheiten empfohlen wurde. Gleichzeitig warnte man die Leser vor einer äußerst gefährlichen englischen Sportart namens »foot ball«, bei der es, dubiosen Statistiken zufolge, mehr Tote zu beklagen gebe als bei den einheimischen Stierkämpfen. Allein zwischen Januar und März 1894 war es bei Fußballspielen in London zu »einer Hirnquetschung, fünfzehn Beinbrüchen, sechs gebrochenen Schlüsselbeinen, einem Schulterbein- und einem Armbruch, einem ausgerenkten Knie, sechs nicht näher definierten und drei tödlichen Verletzungen sowie zu weiteren fünfzehn Todesfällen« gekommen. Solche Schauermeldungen verhinderten jedoch nicht, dass nur vier Jahre später der Fußballclub Athletic Bilbao gegründet wurde, der bis heute emblematische Sportverein der Stadt. Wie sein Name – Athletic und nicht *Atlético*! – verrät, entstand er, allen warnenden Zeitungsberichten zum Trotz, nach dem Vorbild englischer Clubs und setzte anfangs auch hauptsächlich britische Gastarbeiter ein, die auf den baskischen Docks beschäftigt waren. Die rot-weißen Trikots der *leones*, Löwen, wie die Spieler genannt werden, soll ein Vereinsfunktionär vom FC Southampton importiert haben.

1911 dann wurde dem baskischen Club vorgeworfen, gezielt Engländer anzuwerben, die nicht, wie die Regeln es verlangten, mindestens ein halbes Jahr am Ort ihres Vereins gelebt hatten. Seit 1912 gilt daher nun jene Philosophie, die aus Sturheit, einer der typischen Eigenschaften der Menschen an der Küste der Bizkaia, geboren wurde: Athletic Bilbao spielt nur mit Basken beziehungsweise mit solchen Spielern, die in einem baskischen Verein ausgebildet oder zumindest in einer der semibaskischen Nachbarregionen Navarra und Rioja geboren wurden. Bis in die achtziger Jahre hatte der Club, der seine Spiele seit 2013 in der neuen Arena austrägt, die unmittelbar neben dem legendären alten, inzwischen abgerissenen Estadio de San Mamés von 1913 errichtet wurde, mit dieser Ideologie durchaus Erfolg. Er gewann acht Meistertitel und erreichte vierundzwanzig Pokalsiege. Heute aber kämpft der Erstligist in dem als »La Catedral«, die Kathedrale, bezeichneten Stadion meistens nur noch darum, ohne Unterbrechung erstklassig zu bleiben, was sonst lediglich die Renommiervereine Real Madrid und FC Barcelona geschafft haben. Wegen seiner sturen Haltung in Transferfragen gilt Athletic Bilbao, wie es unlängst in einem Zeitungsartikel hieß, als »vielleicht letzter Zufluchtsort für Romantiker in der globalen, durchkommerzialisierten Kickerwelt, in der am Ende sowieso immer die Gleichen gewinnen«. Fernando García Macua, Vereinspräsident von 2007 bis 2011, erklärte gar: »Wir steigen lieber ab, als unsere Gewohnheiten zu ändern.«

Kulissenwechsel. Vom Stadtteil Abandoibarra bis ins Zentrum von Bilbao sind es nur wenige Minuten zu Fuß entlang der Ría de Bilbao, dem den Gezeiten ausgesetzten Teil des Wasserlaufs, vorbei an der vom spanischen Stararchitekten Santiago Calatrava entworfenen Fußgängerbrücke Zubizuri (baskisch für »weiße Brücke«), die sich seit 1997 mit filigraner Leichtigkeit über den Nervión schwingt. Auch Sondika, der neue, an eine vogelförmige Gestalt erinnernde internationale Flughafen von Bilbao, ist ein Werk des Valencianers. Bereits 1995 wurde die erste Linie der vom britischen Architekten Sir Norman Foster konzipierten U-Bahn in Betrieb genommen, eine der modernsten Europas. Im April 2002 folgte die Linie 2, die dritte, innerstädtische, deren sieben Stationen entlang eines sechs Kilometer langen Tunnels liegen, ist seit dem 8. April 2017 in Betrieb. Das augenscheinlichste Merkmal der Metro Bilbao sind die wie transparente Garnelenschalen aus den Bürgersteigen wachsenden U-Bahn-Eingänge, die von den Einheimischen nach ihrem Erbauer liebevoll *fosteritos* genannt werden.

Susanne Dittrich, eine Münchnerin, die seit elf Jahren im Baskenland lebt und als Fremdenführerin arbeitet, zieht es hingegen immer wieder in jene Teile von Bilbao, die sich ihren ursprünglichen Charakter bewahrt haben. Im historischen Kern gibt es noch Krämerläden aus früheren Kolonialzeiten und traditionelle Kaffeehäuser voller Marmor, Messing und Spiegel wie die Bar Iruña, die 1903 am baumbestandenen Platz Jardines de Albia eröffnet wurde. Das Lokal besteht aus mehreren großen Salons, die im Mudéjar-Stil eingerichtet sind und wo livrierte Kellner den Gästen ihren *cortado*, den kleinen Milchkaffee, den spritzigen baskischen Weißwein Txakolí, die *pintxos* genannten Häppchen und das *menú del día* immer noch auf dem Silbertablett servieren.

In der eigentlichen Altstadt mit ihren *siete calles*, den sieben nach Handwerkerzünften benannten Straßen, erwarten den Besucher unzählige Cafés, Restaurants, kleine Geschäfte, Kunst-, Geschichts- und Folklore-Museen, barocke und gotische Kirchen, die monumentale Ribera-Markthalle und andere sehenswerte Gebäude. Die allermeisten davon gab es schon lange bevor die Solomon-R.-Guggenheim-Stiftung beschloss, ihre Europa-Filiale nicht nach Salzburg und auch nicht nach Venedig, sondern an eine heruntergekommene Industriestadt in Nordspanien zu vergeben. In eine Region, die trotz Krise über ausreichend Mittel verfügte, um den Hundertfünfzig-Millionen-Dollar-Deal auch zu finanzieren. Dank des Statuts von 1978 und der großzügigen Autonomieregelung für die nach Unabhängigkeit von Spanien strebende Region kann das Baskenland selbständig über sein Steueraufkommen bestimmen und braucht niemanden in der Madrider Zentralregierung zu fragen, wofür es sein Geld ausgeben darf.

Über die Ría de Bilbao, eine einst stinkende rotbraune Kloake, in der heute wieder Aale schwimmen und geangelt wird, geht es zur ältesten Sehenswürdigkeit Bilbaos. Das Ausflugsboot Pil-Pil, das die Besucher Richtung Meer bringt, ist nach einem beliebten baskischen Kabeljaugericht benannt. Kurz vor Erreichen des Handels- und kleinen Jachthafens an der Mündung des Flusses ins Meer tuckert es unter einer imposanten Stahlkonstruktion hindurch. »Die älteste Hängebrücke der Welt, ein Meisterwerk des baskischen Ingenieurwesens«, schwärmt Frau Dittrich, die den Stolz ihrer Adoptivheimat längst verinnerlicht hat. Aber die Superlative rund um die *puente colgante* sind durchaus angebracht. Die Brücke, unter der die erste Schwebefähre weltweit zirkuliert, ist fünfzig Meter hoch, hundertsechzig Meter lang und sowohl für Fußgänger als auch für motorisierte Fahrzeuge geeignet. Seit ihrer Inbetriebnahme am 28. Juli 1893 haben die Gondeln im Zehn-Minuten-Takt rund sechshundertfünfzig Millionen Menschen zwischen dem vornehmen Stadtteil Getxo und dem gegenüberliegenden Arbeiterviertel Portugalete hin und her transportiert. Seit 1999 bringen Panoramaaufzüge Besucher – Schwindelfreiheit ist vorteilhaft – hinauf zu dem Fußgängersteg, der die Bizkaia-Brücke, wie der schon mehrfach rekonstruierte und modernisierte Bau auch noch genannt wird, auf ihrer gesamten Länge überquert. Im Juli 2006 schließlich wurde die Konstruktion von der UNESCO als Weltkulturerbe geadelt.

Wer an Höhenangst leidet, kann sich in den Souvenirläden am Fuß der Brücke zumindest mit Erinnerungen in Form von Postkarten, Gondelmodellen, Schlüsselanhängern, Feuerzeugen und sonstigen Geschenkartikeln versorgen. Das Guggenheim im Miniaturformat indes ist hier nicht im Angebot.

An den Ufern des Höllenflusses

Erster Ausflug in die altbaskische Provinz Navarra

Mehr als eine halbe Million Touristen reisen jährlich zum 6. Juli nach Pamplona. Dann beginnt in der Hauptstadt von Navarra die neuntägige *fiesta* des heiligen Fermín, die Ernest Hemingway mit seinem 1927 erschienenen gleichnamigen Roman berühmt machte. Neun Tage, an denen jeden Morgen die Stiere losgelassen werden, um auf Mutproben versessene und häufig stark angetrunkene Männer vor sich her durch die engen Gassen der Stadt zu jagen. Wegen der Todesfälle, zu denen es bei diesem gefährlichen Wettlauf immer wieder kommt, haben die »Sanfermines« genannten Feste, die seit 1591 zu Ehren des Schutzpatrons der Stadt gefeiert werden, mittlerweile weltweit traurige Berühmtheit erlangt.

Nahezu unbekannt ist hingegen, dass das ehemalige Königreich Navarra, das zum historischen Baskenland gehört, auch andere, weniger blutrünstige Attraktionen zu bieten hat. Vor allem landschaftlich zeichnet sich das rund zehntausend Quadratkilometer große Gebiet durch eine erstaunliche Vielfalt aus. Ferner wuchern hier Mythen und Legenden, deren Spuren der weniger sensationsgierige Besucher in einer vom Tourismus nahezu unberührten Umgebung aufnehmen kann. Beispielsweise in Lekunberri, einem Fünfzehnhundert-Einwohner-Ort im Tal des Flusses Larráun, in dem von geheimnisvollen Höhlen, Einhörnern, Hexen und Teufeln berichtet wird. Und wo vergangene, geschäftigere Zeiten nur noch als Relikte auszumachen sind, etwa in Gestalt von längst zu geräumig und unrentabel gewordenen Grandhotels, die jahraus, jahrein sehnsüchtig auf Kundschaft warten.

Früher herrschte hier Hochbetrieb. Da lag der Ort an der »Vía Verde« genannten Strecke, auf der zwischen 1914 und 1954 die Plazaola-Schmalspurbahn verkehrte. Mit dieser Bahn unternahmen die besseren Herrschaften aus San Sebastián und Pamplona regelmäßig Ausflüge. Lekunberri galt als Handels- und Freizeitzentrum einer ganzen Region. Heute macht die vor ihrem Bau sehr umstrittene Nordautobahn einen weiten Bogen um das Städtchen, das für Fremde bloß noch als Durchgangsstation auf dem Weg in die Sierra de Aralar von Bedeutung ist.

In dieses über vierzehnhundert Meter hohe Gebirge zieht es Wanderer, Sportkletterer, Höhlenforscher und im Winter Skifahrer. Reisende auf der Suche nach navarrischer Mythologie steuern hingegen seine nordwestlichen Ausläufer an. In einem gewaltigen Talkessel unweit von Betelu soll das einzige Einhorn gelebt haben, das jemals in Spanien gesichtet wurde. Der Legende nach musste Sancho, einer der navarrischen Könige, aus dem Horn jenes Fabelwesens ein von einem Einsiedler gemischtes Gebräu trinken, um die Trauer und Verzweiflung zu überwinden, die nach dem Tod seiner Gemahlin über ihn gekommen waren. Gesicherter sind freilich die Erkenntnisse über Fälle von Hexenverfolgung, zu denen es im 16. Jahrhundert im benachbarten Araitz-Tal kam. Damals wurden die Einwohner des Dörfchens Inza der gotteslästerlichen Magie beschuldigt und in Pamplona eingekerkert.

Auf Hexen stößt man ebenfalls im äußersten Norden Navarras, an der Grenze zu Frankreich. In der etwa dreißigtausend Jahre alten Ikaburu-Tropfsteinhöhle, unweit des Städtchens Urdax, sollen sie gehaust und am Ufer des *río* Urtxuma, der quer durch die Höhle plätschert, ihre makabren Feste zelebriert haben. Entdeckt wurden die labyrinthischen Kavernen Anfang des 19. Jahrhunderts von einem Hirten, als die Menschen Zuflucht vor den Schrecken des Unabhängigkeitskriegs suchten. Forscher fanden darin historisches Handwerkszeug, Essensreste und Hinweise auf Menschengräber, die belegen, dass die Höhle von Urdax bereits vor siebentausend Jahren bewohnt war.

In Zugarramurdi lassen sich die Hexen sogar auf Fotos bestaunen. Diese hängen in einem Schaukasten an der Tür einer Scheune am Rand des kleinen Dorfplatzes. Jeden Samstag und Sonntag treten die Besenreiterinnen zu festen Zeiten auf. *Sorginak* – frei aus dem Baskischen übersetzt: Hexentanz – nennt sich das Schauspiel, mit dem an ein schlimmes Ereignis im Jahr 1609 erinnert wird. Damals kam Don Juan del Valle Alvarado, der als Inquisitor am Tribunal von Logroño amtierte, nach Zugarramurdi, um das Treiben von zweihundertachtzig der Hexerei beschuldigten Erwachsenen und zahlreichen ebenfalls verdächtigen Kindern unter die Lupe zu nehmen. Nach dreimonatiger Inspektion wurden schließlich einunddreißig mutmaßliche Sektenmitglieder des Teufelskults, der Nekrophilie, des sexuellen Missbrauchs, des Vampirismus und zahlreicher anderer Sakrilege angeklagt. Sogar Menschenopfer sollen sie Satan anlässlich ihrer Schwarzen Messen dargebracht haben. Schlimmer noch: Nicht einmal die armen Bauern und Tagelöhner aus der Gegend blieben von dem verdammungswürdigen Gebaren verschont, im Gegenteil. In Gestalt von Ziegenböcken, Zwergen, janusköpfigen Monstern, ja sogar in arm- und beinlose Baumstämme verwandelt, zogen die teuflischen Gesellen durch die Dörfer, erschreckten die Bewohner, zerstörten deren Gärten und Felder. Selbst für die lebensbedrohlichen Meeresstürme an der nur vierzehn Kilometer entfernten kantabrischen Küste machte man sie verantwortlich.

Treffpunkt der Satansdiener war eine wenige

Hundert Meter vom Dorfkern entfernte Höhle, die noch heute als »Kathedrale des Teufels« bezeichnet wird und besichtigt werden kann – unter ganz und gar zivilisierten Umständen, versteht sich. Am Eingang werden hexenspezifische Souvenirs angeboten, der Besucher erhält einen präzisen Plan für den Rundgang durch den riesigen, vom Wasser seit urzeitlichen Epochen aus dem Fels gehöhlten Schlauch. Hundertzwanzig Meter lang und bis zu sechsundzwanzig Meter breit ist das Gewölbe, in dem es vor Fledermäusen nur so wimmelt und durch das ein schmaler Bach fließt: der Infernuk Erreka, der Höllenfluss. Bei aller Faszination für das dämonische Treiben von einst – es bedarf schon lebhafter Fantasie, um sich diesen idyllischen Flecken als Bühne verbrecherischer Aktivitäten vorzustellen. Zu beschaulich, märchenhaft fast, wirkt die Umgebung.

Vierzig Gehminuten von Zugarramurdi entfernt und bereits auf französischem Territorium liegen die Grotten von Sare. Der Ort ist als eines der schönsten Dörfer Frankreichs klassifiziert und versteht sich als »Bindestrich« zwischen den beiden Ländern, als den spanischen Nachbarn ebenbürtiger Bewahrer der »puren baskischen Tradition«, wie eine Informationstafel an der Friedhofsmauer verkündet. Tatsächlich bestehen, über das unübersehbare *Pelota*-Feld und die ETA-Graffiti hinaus, etliche Gemeinsamkeiten. Auch in Sare schlug die Inquisition im 17. Jahrhundert erbarmungslos zu. Auch hier gibt es Felshöhlen, deren Geschichte in einem eigens dazu angelegten Megalithen-Park und einem kleinen Museum erzählt wird. Auf französischem Territorium soll einst ebenfalls ein Einhorn zu Hause gewesen sein.

Ein wesentlicher Unterschied besteht allerdings. Während die Navarresen behaupten, die Hexen mit Salz und Senfkörnern ein für alle Mal aus Zugarramurdi vertrieben zu haben, beharren ihre französischen Brüder weiterhin stolz auf deren Anwesenheit. Wenn der rosafarbene Sandstein in den Grotten von Sare zu schwitzen beginnt und feucht in der Sonne schimmert, behaupten die Einheimischen nämlich, die Hexen hätten dort ihre Wäsche zum Trocknen ausgebreitet. Für die Spanier indes bedeutet dieses Zeichen, dass es bald regnen wird.

Der Küster, der zur See fuhr

In dem Fischerdorf Lekeitio steht nicht nur eine der bedeutendsten Kathedralen von ganz Spanien

Josu Unsueta hat keine Eile. Seelenruhig kommt der wohlbeleibte Mann durch den Mittelgang der dreischiffigen Basilika geschlurft, begrüßt die Besucher mit einem breiten Lächeln und bittet sie, auf einer der harten Holzbänke Platz zu nehmen. Golden glitzert im Hintergrund der zwölfeinhalb mal neuneinhalb Meter große gotisch-flämische Aufsatz des Hauptaltars mit seinen Dutzenden von Heiligen, Königen und Propheten sowie den unterschiedlichsten Szenen vom Leben und Sterben Jesu Christi. Mit sichtlicher Genugtuung nimmt Señor Unsueta das Staunen der Fremden zur Kenntnis. »Hier stehen wir vor dem nach jenen in den Kathedralen von Sevilla und Toledo drittgrößten Altaraufsatz in ganz Spanien«, erklärt er stolz, beide Arme hoch erhoben und auf die Hauptdarsteller des monumentalen Retabels deutend, als dirigierte er ein unsichtbares Orchester. Und zwar in Zeitlupe.

Langsam in Lekeitio! Unter diesem Motto lässt sich nicht nur der Besuch der Iglesia de la Asunción de Nuestra Señora Santa María zusammenfassen. Es passt auch zu dem Rundgang durch den kleinen Ort, der auf der bizkaianischen Seite der baskischen Küste liegt. Keine Menschenmassen wälzen sich durch seine engen, gepflasterten Gassen; zu keinem Zeitpunkt kommt Hektik auf; nirgendwo fühlt der Spaziergänger sich von Leuchtreklamen oder aggressiven Werbeschildern bedrängt. Es ist demnach kein Zufall, dass Lekeitio, zusammen mit dem anderen baskischen Städtchen Mungia und drei Ortschaften in Katalonien, seit Kurzem zum spanischen Netz der »Slow Cities« zählt. Nur charaktervolle Kleinstädte mit weniger als fünfzigtausend Einwohnern, viel Grün, guter Luft, wenig Autoverkehr, modernen, kundenfreundlichen Dienstleistungen und Geschäften, in denen Produkte aus der Region angeboten werden, gehören dieser internationalen Vereinigung an. Derzeit erfüllen weltweit zweihundertfünfunddreißig »lebenswerte« Orte die strengen Kriterien, die von der 1999 im Gefolge der »Slow Food«-Bewegung gegründeten Vereinigung an lokale Umweltpolitik, Infrastruktur und regionale Gastronomie gestellt werden.

Nicht nur vom Körperumfang, sondern auch vom Gemüt her passt Señor Unsueta hervorragend in diese Umgebung. Und so wie Lekeitio mit seinen siebentausendfünfhundert Einwohnern als baskischer Vorzeigeort gerühmt werden darf, so kann man den gemütlichen Basken getrost als typischen Vertreter seines Völkchens bezeichnen. Außer vielleicht dass er, im Gegensatz zu den meisten seiner Landsleute, exzellentes Englisch und sogar ein bisschen Deutsch spricht.

Oder ist das ohnehin normal für einen nordspanischen Küster? Señor Unsueta lacht. Küster in der Basílica de Santa María, wie das schon durch seine schiere Größe beeindruckende Gotteshaus gemeinhin genannt wird, ist er nämlich erst seit wenigen Jahren. Bis zu seinem Amtsantritt hatte er bereits etliche andere Berufe ausgeübt und lange Zeit im europäischen Ausland verbracht, bevor er schließlich nach Amerika auswanderte, wie so viele Basken, die vom 18. bis weit ins 20. Jahrhundert hinein ihre Heimat verließen, um jenseits des Atlantiks nach einem besseren Leben zu suchen. »Wussten Sie eigentlich«, fragt er plötzlich seine Zuhörer, »dass es baskische Emigranten waren, die um 1820 die Rebsorte Tannat in Argentinien und Uruguay einführten?«

Geboren wurde Josu Unsueta 1949 in Bilbao. Schon als Schüler verbrachte er seine Ferien häufig in Großbritannien, um Englisch zu lernen, was damals im Baskenland nicht üblich und nur schwer möglich war. Mit Anfang zwanzig, nach seiner Ausbildung zum Marineingenieur, ging er für ein Jahr nach Hamburg und anschließend für zehn weitere in die USA. Von Florida und New Jersey aus fuhr er für große amerikanische, skandinavische und venezolanische Erdölgesellschaften zur See. Bis Anfang der neunziger Jahre, als er eines Tages keine Lust mehr hatte, tagaus, tagein an den schmutzigen Motoren stinkender Riesentanker zu hantieren, und beschloss, sein Leben noch einmal von Grund auf zu ändern. So kam er zurück in sein geliebtes Baskenland, ließ sich von einer Versicherungsgesellschaft engagieren und zog umher, um Policen zu verkaufen. Doch auch das war kein Job für die Ewigkeit, wie Josu Unsueta im Nachhinein mit Zufriedenheit feststellt: »Als ich im Jahr 2004 wegen einer Familienangelegenheit nach Lekeitio kam, erfuhr ich, dass der alte Küster der Basilika kurz vor der Pensionierung stand und ein Nachfolger gesucht wurde. Ich stellte meine Kandidatur und bekam den Posten.«

Seither amtiert der ehemalige Schiffsingenieur und Versicherungsagent gewissermaßen als klerikales Faktotum. Seine Pflichten beschränken sich freilich nicht nur darauf, den Alltagsbetrieb in der Kathedrale zu lenken und Touristen zu betreuen. Nebenher kümmert er sich um den Internetauftritt des Gotteshauses, forscht als Hobbyhistoriker in der mehr als sechshundert Jahre alten Geschichte des spätgotischen Baus und sammelt darüber hinaus alle möglichen Fakten und Legenden über den Ort, der längst zu seiner neuen Heimat geworden ist.

Die meisten dieser Informationen kreisen um die maritime Vergangenheit von Lekeitio. Vom

Mittelalter bis ins späte 18. Jahrhundert war das Städtchen eines der Zentren der baskischen Fischerei, berühmt vor allem für seine Walfänger, die den Atlantik in oft winzigen Barkassen bis hoch nach Neufundland durchkreuzten. Abenteuerliche Zeiten, aber die Liebe zum Meer und das tollkühne Ignorieren der damit verbundenen Risiken lagen den Basken offenbar schon immer im Blut. Oder sie hatten in ihrer rückständigen Heimat schlichtweg nichts zu verlieren, wie etwa der Matrose Chacho aus Lekeitio und andere baskische Seefahrer, die einst Christoph Kolumbus auf seiner ersten Amerikareise begleiteten.

Heute ankern fast ausschließlich Ausflugsboote und kleine Jachten im Hafenbecken von Lekeitio. Zum Beispiel das Museumsschiff »Playa de Ondarzabal«, ein alter Kutter, auf dem Olga Dolaraga das Kommando führt. Auch die Fünfundvierzigjährige ist nach einem längeren beruflich bedingten Aufenthalt in Southampton vor einiger Zeit ins País Vasco zurückemigriert. Seitdem führt sie neugierige Landratten durch ihr schwimmendes Museum, gemütlich, ruhig, ohne Hetze. Mit gesetzten Worten erläutert sie die Arbeitsroutine der Fischer von einst, erzählt die häufig dramatischen Geschichten, die sich hinter den ausgestellten Schwarz-Weiß-Fotografien verbergen, und weist darauf hin, dass bis heute ein Wal das Stadtwappen von Lekeitio ziert.

Wenn Señora Dolaraga besonders gut gelaunt

ist – und das ist meistens der Fall –, lässt sie sich sogar zum Singen eines Liedchens überreden. Früher, erklärt sie, bevor sie loslegt, früher wurde dieses Lied lauthals von den Frauen der Fischer angestimmt, um Kundschaft anzulocken, wenn sie auf der Kaimauer all die Fische und anderen Meerestiere zum Verkauf anboten, die ihre Männer kurz zuvor mit ihren Netzen an Land gezogen hatten. Heutzutage müssen allerdings auch die Hausfrauen aus Lekeitio ihre Einkäufe im Supermarkt erledigen. Und die Musik dazu plätschert aus unsichtbaren Lautsprechern.

Gilda wird jeden Tag vernascht

Auf Schlemmertour durch das baskische Feinschmeckerparadies

Eigentlich, so gestanden die Sieger nach der Preisverleihung, sei die Sache mit dem Apfelmost nur ein spontaner, zunächst ein bisschen verrückter Einfall gewesen. Doch am Ende lohnte sich die kulinarische Schnapsidee. Nachdem die Jury den Inhalt von hundertsechsunddreißig Töpfen berochen, gekostet und bewertet hatte, stand ihr Urteil fest: Die Erfinder der mit gärendem Fruchtsaft versetzten Bohnensuppe dürfen sich nun ein Jahr lang als »Weltmeister im Eintopfkochen« bezeichnen – bis zum nächsten Mal, wenn das Städtchen Balmaseda wieder den heiligen Severino feiern und zur nächsten Ausgabe seines internationalen *Putxera*-Wettbewerbs rufen wird.

Balmaseda liegt dreißig Kilometer westlich von Bilbao, dort, wo das Baskenland an die Provinz Burgos grenzt. Der Ort zählt siebentausend Einwohner; am Tag des Stadtpatrons, dem 23. Oktober, bevölkern obendrein ein paar Tausend Gäste den mittelalterlichen Stadtkern. Von der ersten Morgenstunde an ziehen die Besucher durch die engen Gassen und schnuppern an köchelnden

Gemüsesuppen, die mit allerlei Wurstsorten, Olivenöl, Kräutern und gelegentlich auch einem Schuss Alkohol verfeinert werden. Der zeitige Spaziergang ist wie ein Flanieren durch eine riesige Freilichtküche, in der Jung und Alt, Frauen und Männer, Profis und Hobbyköche nach Kräften schaben, schnippeln, rühren und würzen.

An jeder Straßenecke, vor jedem zweiten Hauseingang brodelt und dampft jenes Küchenutensil, von dem die Einheimischen stolz behaupten, es sei einzigartig auf der ganzen Welt: die *putxera*, ein zylindrischer Metallbehälter, der von unten durch eine Art Schublade voller glühender Kohlen befeuert wird. Die Geschichte des ungewöhnlichen Kochgeräts geht auf die Eisenbahnarbeiter zurück, die in der zweiten Hälfte des 19. Jahrhunderts in dieser Gegend die Schienen nach Leõn verlegten. Sie nutzten die Glut der Lokomotiven, um in primitiven Kesseln ihre Mahlzeiten zu garen, gewöhnlich ein schlichter Brei aus Bohnen und Kartoffeln.

Mit der Zeit sind sowohl das Kochgeschirr als auch die Speisen anspruchsvoller geworden. Manche Töpfe glänzen mit kupfernen Ziselierungen und kunstvollen Beschlägen so golden, als wären sie für königliche Tafeln bestimmt. Andere stehen auf derart filigranen, elegant geschwungenen Füßen, dass man auf dem groben Pflaster in der Altstadt von Balmaseda ernsthaft um ihr Gleichgewicht bangen muss. Der Inhalt vieler *putxeras* indes bietet einen ersten Vorgeschmack auf das, was den Reiz auch der gehobenen baskischen Küche von heute ausmacht – einer Küche, die seit einiger Zeit Weltruf genießt, weil sie sich wie kaum eine zweite auf die Verbindung von handfester kulinarischer Tradition und zeitgenössischer Kreativität versteht.

Die Stimmung am Tag des heiligen Severino ist ausgelassen und ausgesprochen typisch, denn in ihr fließen die Lust der Basken am Feiern und die Passion für gutes Essen und Trinken mit ihrem ausgesprochenen Faible für Wettbewerbe jeder Art zusammen. Wer bei Meisterschaften im Steineheben und Baumstammhacken, bei Gehorsamkeitsprüfungen für Hirtenhunde und Turnieren für Granitquader schleppende Ochsengespanne in Begeisterung verfällt, findet ebenso gut am kulinarischen Kräftemessen leicht Gefallen.

Das wissen auch die *cofradías,* die in den vergangenen Jahren überall im Baskenland entstanden sind. Diese zunftähnlichen Vereinigungen haben sich meist einem einzelnen Lebensmittel verschrieben. Sie widmen sich dem Schutz und der Pflege der Kartoffel aus Álava, des Lachses aus dem Bidasoa, der Blutwurst aus Llodio, der Bohnen aus Tolosa, des Käses aus Idiazábal oder eben des Eintopfs aus Balmaseda und veranstalten zu diesem Zweck am liebsten Wettbewerbe.

Felix Jauregi Errazkin und seine Frau Karmela aus Segura konnten schon so manchen Wettkampf für sich entscheiden. Auf den Regalen ihrer umgebauten Scheune steht nicht nur altes, liebevoll herausgeputztes Landwirtschaftsgerät, sondern auch ein Dutzend blitzblanker Pokale, in deren Sockel beider Namen eingraviert sind. An den Wänden hängen Diplome hinter Glas, bestickte Baskenmützen und eine regelrechte Girlande aus Gold-, Silber- und Bronzemedaillen, eine davon in Form eines gespaltenen Teufelsfußes. Auf dem Tisch vor dieser beeindruckenden Trophäensammlung harren drei Stangen Brot, eine Schüssel mit Walnüssen und eine mit hausgemachter Quittenmarmelade, zwei Flaschen Rotwein und Txakolí – baskischer Weißwein – sowie, als Höhepunkt der vormittäglichen Zwischenmahlzeit, ein schwerer kreisrunder, honiggelb leuchtender Käselaib geduldig ihres Verzehrs.

Laut Produktionsplan, sagt Felix, habe er heute seinen freien Tag. Doch wenn Gäste da sind, öffnet der knapp sechzigjährige Baske mit der weißen Schürze auch schon mal außerplanmäßig die Tür zur Käseküche und schreitet resolut zur Vorführung. Die Jauregis besitzen einen von hundertfünfzig baskischen Privatbetrieben, in denen der Käse noch nach althergebrachter Methode, also in aufwendiger Handarbeit, hergestellt wird. Nur hier, fünfzig Kilometer südlich von San Sebastián, am östlichen Rand der baskischen Provinz

Guipuzkoa, grasen die langhaarigen Latxa-Schafe, aus deren Milch jene Köstlichkeit gewonnen wird, die nach einem der Nachbarorte von Segura benannt ist: der Idiazábal-Käse. »Ein cremiger Käse mit einem unverwechselbaren Geschmack nach Mandeln, Nüssen und natürlicher Milch von Tieren, die im Sommer auf den kühlen Höhen und im Winter in den geschützten Lagen des Goierri-Tals weiden«, erklärt Felix.

Währenddessen rührt er stoisch im Stahlbottich und wartet, dass die weiße Masse gerinnt, bevor er sie mit einem Spezialmesser in handliche Stücke schneidet, anschließend portionsweise in Tücher wickelt, in Plastikbehälter füllt, mit einem Deckel verschließt und am Ende in eine Apparatur schiebt, deren Hebelvorrichtung den letzten Rest Flüssigkeit aus den Käseklumpen presst. Zum Trocknen kommen die Laibe in den Nebenraum, in dem sie entweder tage-, wochen- oder sogar monatelang lagern, je nachdem, ob sie mit einem milden sanften oder einem würzigen kräftigen Geschmack an die Kunden geliefert werden sollen.

Bis vor fünfzehn Jahren hat Felix als Metzger gearbeitet. Dann besann er sich auf die Tradition seiner Vorfahren, die vier Generationen lang als Schafhirten ein Auskommen fanden. Doch von ihren hundertdreißig Tieren und dem Käsemachen allein kann die Familie heute nicht mehr leben. Deshalb betreibt Karmela im Ort einen kleinen Laden, in dem sie die Produkte ihres Mannes – etwa tausendsechshundert jeweils ein Kilo schwere Käseräder pro Jahr – in Eigenregie vermarktet und verkauft. Außerdem haben die Jauregis ihren Hof kostspielig restauriert und sechs komfortable Zimmer für Feriengäste eingerichtet. Im Gemeinschaftsraum unter dem Dach hängen noch mehr Diplome und weitere Auszeichnungen. Neben historischen Aufnahmen sind außerdem etliche Fotos zu bestaunen, auf denen Felix stolz Siegerkäse ins Bild hält. Einige Tausend Euro kann ein solcher köstlicher Batzen wert sein, während das Renommee, das er seinem Hersteller beschert, unbezahlbar ist.

Eigentlich haben wir hier nichts zu suchen. Und wir hätten den unscheinbaren Raum in einem Untergeschoss irgendwo in Intxaurrondo, einem Außenbezirk von Donostia, ohne die freundliche Einladung und die exakte Wegbeschreibung der Hausherren auch niemals von alleine gefunden, trotz des Schriftzuges »Artzak-Ortzeok« an der Fassade, der bedeutet: »Nimm es, es ist da«. Denn dies ist das Revier eines *txoko*, einer geschlossenen gastronomischen Gesellschaft, die man auf keinen Fall als biederen »Kochclub« bezeichnen sollte.

Die ersten *txokos* wurden um 1870 in San Sebastián gegründet, als weltliche Entsprechungen der religiösen Bruderschaften der Schutzheiligen. Ihre

Mitglieder trafen sich zum Diskutieren und Kartenspielen außerhalb der häuslichen Umgebung; vor allem aber wurde das gemeinsame Kochen, Essen und Trinken gepflegt. Anfangs trieb man sogar zusammen Sport, wie die Pokale, Statuen und Diplome in den Vitrinen der 1921 gegründeten Sociedad Artzak-Ortzeok bezeugen. Damals waren die *txokos* berüchtigt für ihre strengen Regeln: Frauen und Fremde hatten keinen Zutritt, Politik war als Gesprächsthema tabu. Berühmtheit und Ansehen erlangten sie indes als glühende Verfechter der jahrhundertealten baskischen Kochkunst.

Heute gibt es allein in Donostia etwa hundertzwanzig gastronomische Gesellschaften mit mehreren Tausend Mitgliedern. Unter ihnen sind weltweit geschätzte baskische Spitzenköche wie Juan Mari Arzak und Pedro Subijana, mit deren Gourmetküchen manche *txokos* durchaus wetteifern können. Etwa das Artzak-Ortzeok von Martxel, Jesús und Txiki, die an diesem Abend in der rustikalen Essstube in Intxaurrondo am Profiherd aus rostfreiem Stahl stehen. Es sind lauter fröhliche Kerle, die dennoch mit dem nötigen Ernst in Töpfen rühren und Pfannen schwenken.

Der heutige Speiseplan verzeichnet *croquetas de bacalao* (Stockfischkroketten), *merluza en salsa verde* (Seehecht in grüner Sauce) und *tartaletas de rabo de toro* (Stierschwanztörtchen). Als bestens eingespieltes Team gehen die Männer einander blind zur Hand, keiner ist sich für das Gemüseputzen oder Zwiebelschneiden zu schade. In der *Txoko*-Küche sind alle gleich, egal ob Lastwagenfahrer, Volksschullehrer oder Steuerbeamter. Endgültig vorbei sind die Zeiten, als die Männerzirkel ausschließlich handwerks- oder berufsgenossenschaftlichen Charakter hatten. Nur den Abwasch, den überlässt man der Putzfrau, die am nächsten Tag kommen und wieder für Ordnung sorgen wird. Sie ist nach wie vor die einzige Frau, die die Küche betreten darf. Alle anderen Damen, ebenso wie etwaige Gäste, dürfen nur auf Einladung einen Platz an einem der langen Esstische einnehmen und sich dann ausnahmsweise einmal von Männern bedienen lassen, von denen die allermeisten zu Hause niemals einen Finger krumm machen würden. Dafür haben sie schließlich ihre Gattinnen.

Donostia/San Sebastián ist nicht nur eine *Txoko*-Hochburg, sondern zugleich die kulinarische Hauptstadt Spaniens, wenn nicht gar Europas. Nirgendwo auf der Welt, nicht einmal in der Millionenstadt Paris, ist die Michelin-Stern-Dichte höher als im Atlantikseebad mit seinen nicht einmal zweihunderttausend Einwohnern.

Zu den lukullischen Attraktionen der Stadt zählen aber nicht nur die Gourmet-Restaurants, die von Altmeistern wie Juan Mari Arzak, Martín Berasategui und Pedro Subijana sowie von neuen Sternen am Firmament der baskischen Kochkunst wie Iñigo Peña, dem Besitzer des Restaurants Narru, betrieben werden. Mindestens ebenso berühmt wie die jungen und weniger jungen Stars der baskischen Haute Cuisine sind die *Pintxo*-Bars. Dort werden jene Köstlichkeiten angeboten, die man im Stehen und mit höchstens zwei Bissen genießt und die überall sonst in Spanien *tapas* heißen, was sich mit dem Ausdruck »Häppchen« nur unzulänglich übersetzen lässt. Denn *tapas* wie *pintxos* sind mehr als nur im Vorbeigehen eingenommene Zwischenmahlzeiten. Die schmackhaften Imbisse drücken vielmehr eine Lebenseinstellung aus, bei der sich, zumindest im Fall der baskischen *pintxos*, Geselligkeit mit Leidenschaft für anspruchsvolle Kulinarik verbindet.

Im altstädtischen Quadrat zwischen Hafen, Basílica de Santa María, Paseo de Salamanca und Plaza de la Constitución hat sich vor allem an der Calle Mayor und der Calle Fermín Calbetón in den vergangenen zwanzig Jahren eine regelrechte *Pintxo*-Kultur entwickelt, die ganz selbstbewusst mit den Innovationen der baskischen Haute Cuisine konkurriert. Die ausgeklügelten kulinarischen Arrangements, unter denen sich die Tresen biegen, machen schlagartig bewusst, dass es beim Essen nicht nur ums Sattwerden geht. Intensität des Geschmacks, Textur, Stückgröße und Aroma, die Mischung aus Innovation und Bodenständigkeit wirken sich schließlich auch beim *Pintxo*-Liebhaber auf die Sinnesreize aus und führen zu einem umfassenden Wohlbefinden.

»Es war ein weiter Weg von den fetttriefenden Tortillas und den unter Mayonnaise begrabenen Bratfischstückchen bis hin zu den heutigen lukullischen Geniestreichen«, erklärt der Wirt der Ganbara-Bar, die sich auf Pilzgerichte spezialisiert hat. Er hat sich gelohnt. Selbstverständlich nehmen übrigens auch die meisten *Pintxo*-Köche regelmäßig an Wettbewerben teil, weil der Spaß an Konkurrenzkämpfen den Basken nun einmal im Blut liegt.

Seit einigen Jahren sind auch etliche Bücher auf dem Markt, die sich mit den originellsten *Pintxo*-Variationen befassen. Darin finden sich, höchst appetitlich ins Bild gesetzt, so verwegene Kreationen wie der mit Forelleneiern und Cognac gefüllte Seeigel, die in Brickteig frittierte Languste an Porreesauce, Kabeljau auf karamellisiertem Rotwein und das mit Kiwi, Mango, Erdbeere, Krabbe und Seeteufel gespickte Spießchen. Von diesem Holzstäbchen hat der *pintxo* übrigens seinen kriegerischen Namen.

In keiner Publikation aber fehlt *Gilda*, der Ur-*pintxo* schlechthin. Er besteht aus einer grünen Olive, einer geräucherten Sardelle und drei bis vier scharfen, in Essig eingelegten Chilischoten. Seinen Namen verdankt *Gilda* angeblich Rita

Hayworth, denn er ist genauso appetitanregend, sinnesverwirrend und gemütererhitzend wie die amerikanische Schauspielerin in dem gleichnamigen Film aus dem Jahr 1946.

Seit September 2011 kann sich Donostia zudem einer Einrichtung rühmen, in der die Arzaks, Subijanas und Berasateguis von morgen ausgebildet werden. Das Basque Culinary Center (BCC) ist weltweit die erste kulinarische Universität ihrer Art. Allein vom Konzept her hat das BCC mit herkömmlichen Koch- und Hotelfachschulen nicht viel gemein. Seine Zielsetzung besteht darin, jungen Menschen aus aller Welt nicht nur den Umgang mit Pfannen und Töpfen beizubringen, sondern Lehre, Forschung und den Transfer von Wissen und Technologie in den verschiedensten Bereichen der gastronomischen Wissenschaften zu fördern. Im Frühjahr 2015 bekamen die rund fünfzig Studenten des ersten Jahrgangs ihr Diplom im Fach »Gastronomie und kulinarische Künste« überreicht, nach acht intensiven Semestern an der baskischen Koch-Uni. Damit verbunden war die Gewissheit, mit einer BCC-Urkunde in der Tasche überall mit Kusshand aufgenommen zu werden, sei es als Ernährungswissenschaftler, als Restaurantbetreiber, als Hotelmanager, später einmal als Universitätslehrer oder ganz einfach nur als umfassend ausgebildeter Spitzenkoch.

Im Schatten der heiligen Eiche

Die internationale Friedensstadt Guernica versteht sich vor allem als Wiege der baskischen Identität

Zu stummen Schreien verzerrte Münder, bizarr verrenkte und abgerissene Gliedmaßen, die geweiteten Nüstern und gefletschten Zähne eines sterbenden Pferdes, der irritierte Blick eines Stiers, eine Mutter mit totem Kind, eine brennende Frau ... Wer kennt sie nicht, die verstörenden Motive, die in Grautönen gehaltene Verzweiflung der Opfer von Terror und Gewalt, denen Pablo Picasso mit seinem dreieinhalb Meter hohen und fast acht Meter breiten Gemälde »Guernica« ein erschütterndes Denkmal gesetzt hat?

»Guernica« ist weltberühmt – als Historienbild aus dem Spanischen Bürgerkrieg, als Symbol für die Grausamkeit aller Kriege, als Passionsbild unserer Zeit. Doch wer weiß etwas über die Stadt Guernica, die auf baskisch Gernika heißt und die Picassos Tableau seinen Namen gab? Den Ort, dessen Bombardierung und fast völlige Auslöschung den Maler veranlasste, die ursprünglichen Pläne für seinen Beitrag zur Weltausstellung 1937 in Paris über den Haufen zu werfen und schon wenige Tage nach der Zerstörung erste Ideen für

»Guernica« zu entwickeln? Guernica, das Vorbild, liegt im Herzen der Provinz Vizcaya, knapp vierzig Kilometer östlich von Bilbao, und zählt heute etwa siebzehntausend Einwohner. Zunächst deutet nichts darauf hin, dass das schmucke Städtchen mit seiner gepflegten Fußgängerzone, der belebten Markthalle und allerlei historischen Sehenswürdigkeiten, wie man sie in zahlreichen Kleinstädten der Region vorfindet, im Baskenland, wenn nicht in ganz Spanien, eine Sonderstellung einnimmt. Was auch, aber nicht nur mit dem Bombardement durch die Kampfflugzeuge der deutschen Legion Condor im Verbund mit einer Staffel italienischer Maschinen am 26. April 1937 zu tun hat.

Die faschistischen Angreifer hatten dieses Ziel für ihre Zwecke jedenfalls gut gewählt. Ihre Spreng-, Splitter- und Brandbomben trafen das baskische Volk mitten ins Herz. Dabei ging es ihnen nicht etwa um die Vernichtung der Waffenfabriken und Munitionslager in Guernica, die allesamt verschont blieben, sie hatten vielmehr die symbolische Bedeutung der »Heiligen Stadt der Basken« im Auge, auf die auch George L. Steen, der Korrespondent der Londoner *Times*, verwies, als er tags darauf im ersten Zeitungsartikel über die Geschehnisse in Nordspanien berichtete: »Guernica, die älteste Stadt der Basken und das Zentrum ihrer kulturellen Tradition, wurde gestern durch einen Luftangriff der Aufständischen völlig zerstört. [...] In der Art und Weise der Ausführung, in dem Ausmaß der Zerstörung wie auch in der Wahl der Mittel ist der Überfall auf Guernica ohne Beispiel in der Militärgeschichte. Guernica war kein militärisches Objekt. [...] Die Stadt lag weit hinter der Front. Der Zweck des Bombardements war anscheinend die Demoralisierung der Zivilbevölkerung und die Vernichtung der Wiege des baskischen Volkes.«

Älteste Stadt der Basken, Zentrum der baskischen Traditionen, Wiege des baskischen Volkes ... Wenn es nach Izaskun Ormaetxea und ihren Kolleginnen aus dem Fremdenverkehrsbüro in Guernica ginge, würden in heutigen Reportagen über ihren Heimatort Namen wie Picasso und Legion Condor höchstens in einem Nebensatz erwähnt. Mehr als achtzig Jahre, so ihr Argument, sind seit den schrecklichen Ereignissen von damals vergangen. Die Stadt, die zu drei Viertel in Schutt und Asche lag, ist längst wieder aufgebaut. Ihre Einwohner sind es leid, immer wieder in die Opferrolle schlüpfen und die immer gleichen Horrorgeschichten über General Francisco Franco, Adolf Hitlers Heerführer und Italiens Diktator Benito Mussolini erzählen zu müssen. Dabei wird alles getan, um die Erinnerung nicht verblassen zu lassen: 1988 beschloss das baskische Parlament die Errichtung eines Friedensforschungszentrums in Guernica; 2004 zeichnete die UNESCO den Ort als »internationale Friedensstadt« aus.

Doch viel lieber als ins Friedensmuseum am Rathausplatz führt Izaskun ihre Gäste an Örtlichkeiten und zu Gebäuden, die eine noch größere historische Bedeutung als das Bombardement haben und auf die sie als Baskin wirklich stolz sein kann. Die beiden bedeutendsten Wahrzeichen der mehr als tausendjährigen baskischen Tradition stehen etwas abseits des Ortszentrums und waren an jenem 26. April 1937 erstaunlicherweise gänzlich unversehrt geblieben: die heilige Eiche von Guernica und die Casa de Juntas, das Parlamentsgebäude.

Im Schatten des emblematischen Baumes versammelten sich bereits im Mittelalter die Volksvertreter aus Bizkaia, um anfallende Probleme zu diskutieren und über deren Lösung abzustimmen. Ab 1826 wurden diese *juntas generales* genannten Sitzungen nicht mehr unter freiem Himmel abgehalten, sondern in die in unmittelbarer Nachbarschaft neu errichtete Casa de Juntas verlegt, wo man bis zu ihrer Aufhebung im Jahr 1876 über die *fueros*, die baskischen Sonderrechte, debattierte. Nach einer Volksabstimmung und einer Verabschiedung als Grundgesetz durch das spanische Parlament kam es 1979 zu einer Wiedereinführung der *fueros*. Seither garantiert das Statut von Guernica dem Baskenland weitgehende Autonomie, gemäß derer das baskische Volk über eigene öffentliche Einrichtungen wie Parlament und Regierung sowohl des gesamten

Baskenlands als auch der drei einzelnen Provinzen verfügt. Demnach können die Basken ihr öffentliches Leben selbst organisieren, ihre Institutionen durch Gesetze lenken und ihre eigenen Wahltermine festlegen. Zudem hat Euskadi eine eigene Polizei, kann das gesamte Erziehungs- und Gesundheitswesen und seine eigenen staatlichen Kommunikationsmedien verwalten, eigenverantwortlich Kultur und Sport regeln sowie die Streckenführung und den Ausbau seines Eisenbahnnetzes. Außerdem genießt das Baskenland die volle Steuerhoheit: Basken zahlen keine Einkommens-, Mehrwert- oder Körperschaftssteuer und auch sonst keine Abgaben an den Fiskus in Madrid. An den Zentralstaat wird nur für jene Leistungen gezahlt, deren Verwaltung Euskadi nicht übernommen hat: Königshaus, Außenpolitik und Verteidigungswesen.

Trotz dieser umfassenden Selbstverwaltung mit eigenen baskischen Institutionen, die dazu dienen, die eigene Kultur und Sprache zu fördern, »haben wir es mit einer im nationalistischen Sinne nicht homogenen Gesellschaft zu tun«, wie Joseba Arregi in einem Essay schreibt. Als Grund für diese fehlende Homogenität führt der Autor, Mitglied der Baskisch-Nationalistischen Partei (PNV) sowie einst Kulturminister und Sprecher der baskischen Regionalregierung, an: »Ein Teil der Bevölkerung identifiziert sich ausschließlich oder überwiegend mit dem Baskenland statt mit

Spanien. Beim anderen, fast ebenso großen Teil der Bevölkerung vermischen sich die Gefühle – in unterschiedlicher Stärke – zwischen der Zugehörigkeit zum Baskenland und jener zu Spanien.«

Für welche Seite Izaskuns Herz schlägt, ist unschwer herauszufinden. Wir schlendern durch den Plenarsaal des Parlamentsgebäudes, dessen Dach mit einem auf Glas gemalten Eichenbaum geschmückt ist. Als wir plötzlich vor der Gitarre von José María Iparraguirre Balerdi stehen bleiben, stimmt meine Begleiterin spontan jenes Lied an, das der namhafte baskische Komponist (1820–1881) der Eiche von Guernica gewidmet hat und das als inoffizielle Hymne der Basken gilt: »*Gernikako arbola da bedeinkatua, euskaldunen artean guztiz maitatua ...*« (Gesegnet ist der Baum von Guernica, geliebt von allen Basken. Trag und verbreite deine Früchte in der Welt, wir verehren dich, Heiliger Baum.)

Bislang schmückten vier heilige Eichen den kleinen Platz hinter der Casa de Juntas. Das ursprüngliche Exemplar wurde im 14. Jahrhundert gepflanzt und überdauerte vierhundertfünfzig Jahre. Der sogenannte »Alte Baum« wurde 1811 neu gesetzt. Sein Stamm befindet sich heute in einem kleinen Tempel im benachbarten Garten. Den dritten Baum in der Erbfolge pflanzte man 1860. Er war es, der zwar den Luftangriff auf Guernica heil überstand und kurz darauf von Freiwilligen beschützt wurde, als Francos Truppen die Stadt einnahmen und die Falangisten dieses Symbol des baskischen Nationalismus fällen wollten, doch am Ende ging er an Pilzbefall ein. Die gegenwärtige Eiche wurde im März 2015 auf den Platz ihrer Vorgängerin gesetzt.

Und das berühmte Bild, das den Namen der baskischen Symbolstadt in die ganze Welt hinausgetragen hat? Nun, in Guernica selbst war Picassos Gemälde, eines der bedeutendsten Kunstwerke des 20. Jahrhunderts, noch nie zu sehen. An einer etwas abgelegenen Straßenecke kann man lediglich eine Wandkeramik bestaunen, die dem Original nachempfunden ist. Jenem Original, das 1938 in Skandinavien, England und den USA gezeigt wurde und von 1939 bis 1981 im Museum of Modern Art in New York hing. Anschließend kam es zurück nach Spanien und wurde zunächst im Madrider Prado ausgestellt. Derzeit befindet sich das Bild immer noch in Madrid, aber im Museo Reina Sofía. Es soll in einem derart schlechten Zustand sein, dass an ein erneutes Umhängen, geschweige denn an einen Verleih, wohin auch immer, gar nicht zu denken ist.

Die Perlen von Tolosa

Schokolade im Museum, Bohnen im Topf

Sie war das Markenzeichen von Che Guevara; der 1486 im baskischen Getaria geborene Entdecker und Weltumsegler Juan Sebastián Elcano trug ebenfalls eine; sie schmückte die Häupter von Malern, Schriftstellern und Hollywood-Größen wie Marlene Dietrich, John Huston und Billy Wilder; auch zeitgenössische Stars wie der Radsportler Miguel Indurain und der Koch Juan Mari Arzak lassen sich gerne damit blicken, genauso wie die Pop-Idole Madonna und Jennifer Lopez; und neuerdings gibt es sie sogar aus Schokolade – die Baskenmütze.

Die Idee zu einer süßen Variante der charakteristischen Kopfbedeckung, die auf Spanisch *boina* und auf Baskisch *txapela* heißt, hatte José María Gorrotxategi. Eines Tages reicherte der Konditormeister eine steife Schokoladenmasse mit Mandeln, Eiweiß und Knusperreis an, formte sie zu einem dünnen, fladenförmigen Rund, setzte in die Mitte einen Stummel, der an den Rest eines früheren langen Bommels erinnert, und bestäubte das leckere Mützchen mit Kakaopulver.

Dass José Mari, wie alle ihn nennen, seine

essbare *txapela* ausgerechnet in Tolosa erfand, ist kein Zufall. In dem Neunzehntausend-Einwohner-Städtchen im Herzen der baskischen Provinz Gipuzkoa nahm 1858 die erste, von Antonio Elósegui gegründete Baskenmützen-Fabrik ihren Betrieb auf, heute die Letzte ihrer Art auf spanischem Territorium. Bereits 1680 hatten José Maris Vorfahren an den Ufern des Oria-Flusses einen Wachswarenhandel eröffnet. Sie widmeten sich nicht nur der Herstellung von Kerzen, sondern auch der Honigverarbeitung. »Seit dem 14. Jahrhundert wurde der kostbare Zucker nämlich ausschließlich in Apotheken verkauft, als Medizin; zum Süßen der Speisen benutzten die Gorrotxategis nur Honig«, erklärt der inzwischen pensionierte Zuckerbäcker, dessen beiden Söhne die Familientradition fortsetzen. In ihrer *confitería* trifft sich täglich »tout Tolosa« zu Kaffee und Kuchen. Oder zum Plausch mit dem achtzigjährigen Vater von Iñaki und Rafa. Aus dem Tagesgeschäft hat sich José Mari mittlerweile zurückgezogen, doch an seiner Faszination für alle erdenklichen Facetten der Feinbäckerkunst hat sich nichts geändert. Häufig ist er wochenlang rund um den Globus unterwegs, auf der Suche nach allem, was mit Kakao, Karamell und Konfekt zu tun hat und sich eignet, seine private Sammlung zu ergänzen und zu vervollständigen.

Seit 1982 sind all die Mörser, Mühlsteine und Pfannen, all die Destilliergefäße, Mokkatässchen und Milchkannen, die José Mari entweder von seinen Ahnen aufbewahrt oder selbst in aller Welt zusammengetragen hat, in einem kleinen Museum versammelt. Die skurrile Schatztruhe für Naschkatzen ist nach dem *xaxu*, einem ebenfalls von José Mari kreierten Marzipantörtchen, benannt und in einer der engen, stets schattigen Altstadtgassen von Tolosa untergebracht. Längst ist der Ausstellungsraum zu klein geworden für die unzähligen Maschinen, Werkzeuge und sonstigen Gerätschaften, die der Museumsbetreiber aus ganz Spanien sowie aus Südamerika, dem Nahen und dem Fernen Osten herbeigeschleppt hat. Bedrohlich biegen sich die Regale unter Unmengen von Kaffeemühlen, Waffeleisen, Teigrollen und Kochtöpfen. Am stolzesten aber ist der Hausherr, der die Besucher, falls er nicht wieder mal auf Reisen ist, persönlich herumführt, auf die *metate*. Diese uralte mexikanische Steinwalze zum Zerkleinern von Kakaobohnen belegt, wie José Mari betont, »dass sich am Prinzip der Süßigkeitenherstellung im Lauf der Jahrtausende nur Unwesentliches geändert hat«.

Tolosa, die Stadt der Baskenmützen aus Wolle, Filz oder Schokolade, hat freilich noch ganz andere Perlen zu bieten. Als die spanischen Seefahrer von ihren amerikanischen Eroberungszügen und in ihrem Gefolge die ersten baskischen Walfänger vom stürmischen Atlantik zurückkehrten, hatten sie nicht nur Kakaosamen und

Kartoffeln im Gepäck, sondern auch sogenannte Kidneybohnen. Diese gediehen, wie sich bald herausstellte, in der kühlen, stets feuchten Erde ihrer Heimat besonders gut. Richtig getrocknet und gelagert, können die ovalen, meist dunkelvioletten bis fast schwarzen *alubias*, die sich sehr sanft und fleischig anfühlen, das ganze Jahr über konsumiert werden. Am besten aber schmecken die Tolosa-Bohnen zwischen Ende September und Anfang November, nachdem sie frisch von Hand geerntet wurden und in traditioneller Manier zusammen mit der *morcilla* genannten Blutwurst, Wirsing und *guindillas de Ibarra*, scharfen Chilischoten aus der nahen Gebirgsregion Ibarra, serviert werden.

Jeden Samstag finden im verwinkelten Zentrum von Tolosa drei Märkte statt. Unter dem gläsernen Passagendach der Plaza Verdura werden Blumen, Pflanzen und Gemüse angeboten, die von Arkaden gesäumte Plaza Euskal Herria ist für Verkäufer von Bekleidung und von nicht autochthonen Erzeugnissen reserviert, während der Mercado del Tinglado, wörtlich übersetzt: »der offene Schuppen«, den lokalen Produzenten vorbehalten ist. In dieser aus dem Jahr 1900 stammenden, 2006 vollständig renovierten Halle am Oria-Ufer richten auch die Gemüsehändler allwöchentlich ihre Stände auf. Schon vorgekocht in Gläsern oder noch roh in Leinensäckchen präsentieren Privatgärtner dunkle und weiße Tolosa-

Bohnen und geben den Käufern Tipps, wie sich die Delikatesse am köstlichsten zubereiten lässt. Endgültig vorbei sind nämlich jene Zeiten, in denen diese Hülsenfrüchte, wie auch Erbsen und Linsen, abschätzig als »Brot der Armen« bezeichnet wurden. Spätestens bei ihrem Verzehr kommt niemand mehr auf die Idee, die *alubias de Tolosa* mit gastronomischem Spott zu überhäufen.

Die intensiven merkantilen Aktivitäten in Tolosa gehen auf das Mittelalter zurück. Nachdem Alfonso X., genannt der Weise, dem zu Kastilien gehörenden Ort 1256 das Stadtrecht sowie diverse Sonderrechte gewährt hatte, avancierte er zu einer wichtigen Zollstation für den Warenaustausch zwischen den Häfen an der Küste und dem benachbarten Königreich Navarra. Von 1854 bis 1856 amtierte Tolosa sogar als Hauptstadt der baskischen Provinz Guipúzcoa, bevor San Sebastián diese Funktion übernahm. Nachdem die Stadt ihre Bedeutung als Zollstelle für den Außenhandel verloren hatte, blieb sie weiterhin ein zentraler Marktort für den regionalen Handel, an dem die Bauern aus der Umgebung regelmäßig zusammenfanden, um ihre Waren und die jüngsten Neuigkeiten auszutauschen, sich ein paar Stunden lang von ihrem arbeitsreichen Alltag zu erholen. Bereits im 18. Jahrhundert gehörte dazu auch ein Restaurantbesuch, denn zu dieser Zeit wurden in Tolosa die beiden ersten *asadores* Spaniens eröffnet. Als deren legitimer

Nachfolger betrachtet sich Matías Gorrotxategi, der vor einem Vierteljahrhundert die in den fünfziger Jahren gegründete Casa Julián übernahm und es mit seinen saftigen T-Bone-Steaks zu landesweiter Berühmtheit gebracht hat. Eine Speisekarte gibt es in der urigen Grillstube nicht; das Menü ist stets und für alle das gleiche. Als Vorspeise werden Salatherzen, Ibérico-Schinken oder Spargel aus Navarra serviert; danach rote geröstete Paprikaschoten und dann, als absoluter Höhepunkt, die legendären Rinderkoteletts, die im Speisesaal, direkt vor den Augen der Gäste, unter einem Kamin aus feuerfestem Backstein zubereitet werden.

Mit José Mari, dem erfindungsreichen Konditor vom gegenüberliegenden Flussufer, ist Matías übrigens weder verwandt noch verschwägert. Aber nach üppigem Fleischgenuss empfiehlt auch er, sich in der *confitería* Gorrotxategi eine abrundende Leckerei zu gönnen.

Die nördlichste Wüste Europas

Zweiter Ausflug in die altbaskische Provinz Navarra

Die Strecke aus dem grünen, vom atlantischen Meeresklima geprägten Norden in den trockenen, heißen Süden der baskischen Nachbarprovinz Navarra ist nur rund zweihundert Kilometer lang. Doch sie führt in eine Landschaft, die man in diesem Teil der Iberischen Halbinsel schwerlich erwartet hätte: in die Bardenas Reales, Europas nördlichste Wüste. Über vierhundertfünfzehn Quadratkilometer erstreckt sich das sandig-geröllige Gebiet zwischen den Städtchen Olite und Tudela, unmittelbar an der Grenze zur aragonesischen Provinz Zaragoza gelegen. Seine Physiognomie erinnert mal an nordamerikanische Canyons, mal an afrikanische Steinwüsten, Trockentäler, Steppen oder Savannen.

Doch Obacht vor vorschnellen Charakterisierungen! Die Bardenas Reales sind ein Mosaik unterschiedlichster geologischer Erscheinungsformen. Es gibt darin Wüstenstreifen, deren Ockertöne in allen erdenklichen Schattierungen leuchten; Gebirgszüge, deren Flanken mit riesigen, von Regen und Sturm geformten Faltenmustern überzogen sind; Schluchten, an deren Hängen sich struppige Büsche festkrallen; Felsformationen, die aus der Ferne abbruchreifen Kathedralen oder monströsen Urtieren mit wettergegerbter Haut ähneln – geschaffen von Hitze und Kälte, von Sonne, Wind und Wasser. Zudem unterscheidet sich die karge Bardena Blanca im Norden mit ihren hellen Lehmböden wesentlich von der Bardena Negra im Süden, wo auf dunkler Erde locker bestandene Pinien- und Kiefernwälder das Landschaftsbild prägen. Dazwischen liegen ausgedehnte Übergangszonen, in denen sich die einzelnen Vegetationsgruppen miteinander vermischen. An vielen Stellen ist der Salzgehalt des Bodens so hoch, dass das Grundwasser in der Sommerhitze emporsteigt, an der Oberfläche verdampft und ein mit schneeweißen Krusten beflecktes Land zurücklässt.

Die Bardenas Reales sind Teil der fruchtbaren Ribera-Ebene im Tal des Flusses Ebro, eignen sich wegen des ständigen Wassermangels aber nur bedingt für Ackerbau und Viehzucht. 1622 wurde erstmals ein Projekt zur Umleitung des Wassers aus dem Río Aragón vorgelegt, doch dieser wie auch alle späteren Bewässerungspläne erwiesen sich als nicht realisierbar. Ebenso wie die wiederholten Versuche, Menschen in der seit ewigen Zeiten im Besitz der spanischen Krone befindlichen Wüstenei anzusiedeln, fehlschlugen. Folglich entstanden nie dauerhafte Siedlungen. Die Bauern, die auf den wenigen Feldern arbeiteten, und die durchziehenden Schafhirten bauten sich lediglich provisorische Unterkünfte. Von diesen einfachen Ziegel- und Stampflehmhütten sind die meisten längst verfallen.

Dabei hatten die Könige von Navarra den Bewohnern der angrenzenden Dörfer schon im Jahr 882 diverse Privilegien gewährt; seit dem frühen 18. Jahrhundert waren es die spanischen Könige, die der Öffentlichkeit den Zugang erlaubten. Doch sämtliche Pläne, Landwirte und Viehzüchter in das einst von den maurischen Besatzern zurückeroberte Gebiet zu locken, scheiterten an den unwirtlichen Lebensbedingungen. Vor einigen Jahren nun wurden die Bardenas für den Fremdenverkehr entdeckt und zum europäischen »Far West« erkoren. Eine Zeit lang konnten Touristen, die über geländegängige Fahrzeuge verfügten und gelegentliche Schlammpartien nicht scheuten, nach eigenem Gusto von den offiziellen Strecken abbiegen und querfeldein die Natur durchstreifen. Doch damit ist seit Ende der neunziger Jahre Schluss. Zum Schutz von Flora und Fauna haben die Bardenas-Verwalter zahlreiche Hinweis- und Verbotsschilder aufgestellt, die den Verkehr auf den insgesamt zweihundert Kilometer langen Pisten streng reglementieren. Wanderer, Motorrad- und Mountainbikefahrer sowie Autofahrer dürfen sich heute nur noch auf den entsprechend gekennzeichneten Routen bewegen. Die Geschwindigkeitsbegrenzung wurde auf dreißig Kilometer pro Stunde festgesetzt, Klettertouren und sonstige Sportaktivitäten sind ebenso untersagt wie wildes Campen. Außerdem wurden drei Teilgebiete der Bardenas zu besucherfreien Naturschutzzonen erklärt. Auch dies waren Maßnahmen zur Wahrung eines gesunden Gleichgewichts zwischen Ökologie und Tourismus – wie so oft ein Hochseilakt von höchstem Schwierigkeitsgrad.

Am Tag meines Besuchs in den Bardenas Reales zeigen sich weder Füchse noch Kaninchen, keine Schlange wagt sich aus dem Gebüsch, nur ein paar Spatzen trippeln um eine hellbraune Wasserlache, und einige Geier umkreisen den Sendemast des von massiven Zäunen und bewaffneten Soldaten bewachten *cuartel militar*. Tatsächlich! Seit 1951 hat das spanische Verteidigungsministerium inmitten der Blanca Baja ein zweitausendzweihundert Hektar großes Übungsgelände für seine Luftwaffe gemietet. Gelegentlich zerreißen schwere Detonationen die Stille, dicke Rauchschwaden steigen auf, immer wieder zeichnen Düsenjets lange, buschige Kondensstreifen auf das makellose Himmelsblau. Ein unhaltbarer Zustand, urteilen nicht nur das Umweltministerium in Madrid und die Junta General de las Bardenas Reales. Auch unabhängige Experten haben das Gelände wegen seiner klimatischen und geografischen Merkmale schon mehrfach als unsicher und für militärische Zwecke ungeeignet eingestuft.

Immerhin wurde das Gebiet 1999 zum Nationalpark und im November 2000 von der UNESCO zum Biosphären-Reservat erklärt.

Am Abend, wenn zarte Pastelltöne die Landschaft von innen heraus erglühen lassen, gelten meine letzten Blicke dem aparten Felskegel von Casteldetierra und dem nahen, Ende 1992 errichteten Schäfermonument, dem einzigen menschlichen Antlitz, das ich an diesem Tag in dem angeblich trockensten Landstrich von ganz Spanien zu Gesicht bekommen habe. Viele Jahrhunderte lang war es üblich, dass die Wanderhirten ihre Schafe vor Wintereinbruch aus den hohen Pyrenäen-Tälern in die wärmeren Zonen der Bardenas Reales trieben, doch diese Tradition ist zum allmählichen Verschwinden verdammt. Längst passé sind auch die Zeiten, in denen Banditen, Wegelagerer und Landstreicher hier Zuflucht suchten. Der bekannteste unter den gefürchteten Schurken war Sancho Rota, der »König der Bardenas«. Mit einer dreißig Mann starken Truppe streifte er durch die umliegenden Dörfer, raubte, plünderte und mordete. 1452 veranstaltete Juan II., der echte König, eine Hetzjagd auf Rota, der sich seiner Gefangennahme dadurch entzog, dass er sich beim Herannahen der zweihundert Reiter des Herrschers mit einem Dolch selbst entleibte.

Bis weit ins 19. Jahrhundert hinein waren es hauptsächlich solche Tunichtgute, aber auch ehemalige, in Ungnade gefallene Soldaten, die sich in das unwegsame Gebiet zurückzogen und sich auf die krumme Tour ihren Lebensunterhalt verdienten. Aus jener Zeit stammt der Ausdruck »sich in die Bardenas verziehen«, der so viel bedeutet wie: vor der Justiz flüchten.

An der Wiege des Befreiers

Auf der Suche nach den baskischen Wurzeln von Simón Bolívar

Auf halber Strecke zwischen Ermua und Guernica, am Fuß des Berges Oiz und an den Ufern des Flüsschens Markola, liegt ein Dorf, wie man es sich unscheinbarer kaum vorstellen kann: Bolibar. Eine Hauptstraße, die kürzlich frisch asphaltiert wurde. An deren Rand, zur Ortsmitte hin, auffällig viele adrett eingezeichnete Parkplätze. Vis-à-vis davon eine ebenfalls noch ziemlich neu wirkende Mehrzweckhalle mit angeschlossenem Restaurant und Bar. Davor ein Spielplatz, derzeit verwaist. Schräg gegenüber der *frontón,* die aus keinem baskischen Ort wegzudenkende *Pelota*-Wand. Im Dorfzentrum die an eine Festung erinnernde romanische Santo-Tomás-Kirche und ein kleiner gepflasterter Platz, der von zwei Kneipen und ein paar winzigen Geschäften gesäumt wird, allesamt geschlossen. Kein Mensch weit und breit. Doch in der Mitte des Platzes erhebt sich seit 1927 ein auf Initiative der Regierung von Venezuela errichtetes Denkmal zu Ehren jenes Mannes, der sogar an einem frühen Sonntagvormittag von fern angereiste Fremde in den abgelegenen, unscheinbaren Weiler inmitten der wilden baskischen Natur lockt: Simón Bolívar.

Nach Angaben der renommierten Washingtoner Kongressbibliothek gibt es nur drei historische Gestalten, über die bislang mehr Bücher, Artikel und wissenschaftliche Studien veröffentlicht wurden als über *El Libertador*, die Ikone der lateinamerikanischen Unabhängigkeitsbewegung schlechthin: Jesus Christus, den Propheten Mohammed und George Washington. Tatsächlich biegen sich überall auf der Welt die Regale unter Dutzenden von Bolívar-Biografien; Tausende und Abertausende Analysen beschäftigen sich mit dem Leben, dem Wirken und den revolutionären Taten des »Befreiers«, dessen Aura alle anderen Helden und Heldinnen Südamerikas wie Che Guevara, Evita Perón, Emiliano Zapata und Augusto Sandino weit überstrahlt. Um jedoch den familiären Wurzeln dieses Mannes nachzuspüren, der in nicht weniger als zehn Ländern der spanischen Kolonialherrschaft ein Ende machte, muss man – ausgerechnet – in das baskische Dreihundert-Einwohner-Kaff kommen, von dem er seinen Namen hat. Ein typisch baskischer Name übrigens, denn *bolin* bedeutet Mühle, und *ibar* lautet die lokale Bezeichnung für Tal.

1983, pünktlich zu seinem zweihundertsten Geburtstag, wurde hier in der tiefsten nordspanischen Provinz ein kleines Museum für den

»Mann aus dem Tal der Mühlen« eröffnet. Untergebracht ist es in dem aufwendig restaurierten Gebäude Errementarikua – dem Haus des Schmieds –, das einst seinen Vorfahren gehörte. Von hier wanderte Simón Bolívar der Ältere Mitte des 16. Jahrhunderts nach Santo Domingo aus, in die heutige Dominikanische Republik. Der Vorvater des *Libertador* zählt damit zu den Pionieren der baskischen Diaspora, die zu Hause unter der Knute der Herren von Bizkaia und besonders unter den mächtigen religiösen Autoritäten jener Zeit litten. Auf der anderen Seite des Atlantiks erhofften sie sich ein besseres Leben.

Im Baskenland stand demnach, zumindest nach Meinung der stolzen Basken selbst, die eigentliche Wiege von Simón Bolívar dem Jüngeren – eine Wiege freilich, in der er nie lag und an die er im Jahr 1800, als Siebzehnjähriger auf der Durchreise von Bilbao nach Frankreich, nur ein einziges Mal für einen kurzen Besuch zurückkehrte. Geboren wurde der spätere Feldherr und Spanier-Vertreiber nämlich 1783 in der venezolanischen Hauptstadt Caracas, als Sohn des Oberstleutnants und wohlhabenden Großgrundbesitzers Juan Vicente Bolívar y Ponte und dessen Frau María Concepción, die einer spanisch-französischen Adelsfamilie entstammte. Nach dem frühen Tod seiner Eltern schickte der Großvater mütterlicherseits den sechzehnjährigen Waisenknaben nach Europa, um ihn in Madrid, Bilbao und Paris ausbilden zu lassen. Schon mit neunzehn feierte Simón in der spanischen Hauptstadt Hochzeit mit Teresa Rodríguez de Toro, doch ihre Ehe war nur von kurzer Dauer. Bereits ein Jahr später starb die Frau, woraufhin ihr Mann beschloss, nie wieder zu heiraten. Das bedeutete allerdings nicht, dass der Witwer fortan auf jeglichen Kontakt mit dem weiblichen Geschlecht verzichtete, im Gegenteil. Im weiteren Verlauf seines nur siebenundvierzig Jahre währenden Lebens erlangte der als zäher Soldat und gewiefter Politiker bekannte Mann ebenfalls den Ruf eines wahrhaftigen Don Juan.

Über den Frauenhelden Simón Bolívar erfährt der Besucher des kleinen Museums in Bolibar so einiges. Ferner werden ihm dort auch noch viele andere, wenn auch weniger pikante Details verraten, die in den meisten dem *Libertador* gewidmeten Hagiografien geflissentlich übergangen werden. Ein leidenschaftlicher Tänzer, Reiter, Schwimmer und Leser, der neben Spanisch auch noch Französisch, Englisch und Italienisch beherrschte, soll der Vielbeschäftigte in seiner sicherlich nur knapp bemessenen Freizeit gewesen sein. Als feiner Gourmet, der nicht rauchte und nur selten Kaffee trank, zog er Obst und Gemüse dem Fleisch vor. Wenn seine beruflichen Pflichten es ihm erlaubten, nahm sich der Langschläfer gerne Zeit für ein tägliches Bad und eine tägliche Rasur. Darüber hinaus sind sein unstetes Temperament überliefert, das unentwegt zwischen Depressionen und Euphorie geschwankt haben soll, seine Eloquenz, aber auch seine Spielsucht, sein rechthaberischer Charakter und sein Standesdünkel.

Die entscheidenden Fragen in Bolibar lauten indes: Sind all diese Macken, Schrullen und Wesensmerkmale die Folgen von Bolívars ferner baskischer Herkunft? Erklärt das baskische Restblut in seinen Adern womöglich sogar seinen extrem stark entwickelten Ehrgeiz, sein Streben nach Macht und Anerkennung, seine Zähigkeit im Kampf um die Freiheit von Venezuela, Kolumbien, Peru, Ecuador, Bolivien und Panama? Endgültige Antworten werden nicht geliefert. Vielmehr heißt es im Museumskatalog, dass seine ursprünglich gar nicht im Baskenland, sondern in Galicien beheimateten Ahnen Spanien fünf Generationen vor Simóns Geburt zwar erwiesenermaßen verließen, doch über die einjährige Episode, die er als junger Erwachsener in Bilbao verbrachte, sei »nur sehr wenig, um nicht zu sagen gar nichts« bekannt.

Egal. Die kleine Erinnerungsstätte zwischen dem Oiz-Berg und den Markola-Ufern führt dem Besucher nicht bloß noch einmal die Epoche der spanischen Kolonialherrschaft in Lateinamerika vor Augen. Sie zeigt zudem den längst zum Mythos gewordenen Helden dieser Geschichte aus einer ungewohnten Perspektive. Vor allem aber verrät das Bolívar-Museum Wissenswertes über den mitunter sehr eigenwilligen Umgang der Basken mit ihrer eigenen Vergangenheit.

Wie kommt das Salz aus der Erde?

»Weißes Gold« aus Salinas de Añana, einem Dorf in der Provinz Álava

Bei meinem ersten Besuch sah es in Salinas de Añana aus wie nach einer atomaren Katastrophe. Verbrannte Erde, eingebrochene Stollen, umgefallene Mauern, nirgendwo eine Menschenseele. Außer Unkraut und niedrigen Distelbüschen wuchs nichts an den umliegenden Berghängen. Wie bei einem überdimensionalen Mikado-Spiel hatten sich unzählige alte Holzbalken, die völlig morsch und seltsam zerfressen wirkten, ineinander verkeilt. Mysteriöse Riesentreppen rund um das stufenartig aufgebaute Tal erinnerten an die eingestürzten Sitzreihen eines riesigen Amphitheaters, das niemand mehr zu betreten wagte. Kein Hinweisschild, keine Schrifttafel gab Auskunft über die einstige Bestimmung und das spätere Schicksal dieser sonderbaren Ruinenlandschaft.

Das war Mitte der neunziger Jahre. Ich hatte den neunhundert Meter hohen Orduña-Pass im östlichsten Zipfel der Provinz Burgos überwunden, die kahlen, steinigen Landschaften im äußersten Westen Álavas, der größten, aber bevölkerungsärmsten der drei baskischen Provinzen, durchquert und schließlich das Dörfchen erreicht, das auf Baskisch Gesaltza Añana heißt. Ein weiterer verschlafener Flecken in einer nur dünn besiedelten Region – wenn nicht die offenbar zum unaufhaltsamen Niedergang verdammten Salzgärten gewesen wären.

Gut zwanzig Jahre später sieht alles ganz anders aus. Das nach seinen natürlichen Salzvorkommen benannte Valle Salado gibt es zwar immer noch, doch die ehedem verfallenden Salzgewinnungsanlagen wirken heute bestens aufgeräumt und akribisch instandgesetzt. Wo sich damals verrottete Holzrinnen, wurmstichige Balken und alle Arten von Schrott auftürmten, steht seit Kurzem ein schmucker Holzbau: das 2010 eröffnete Besucher- und Informationszentrum. Zwei freundliche Damen in Uniform empfangen die Gäste. Sie halten Broschüren bereit, verteilen Plastiktütchen mit weißkörnigem Inhalt und laden zu einem Rundgang durch die Saline ein.

Sogar ein paar *salineros*, Salzsieder, haben ihre Arbeit wieder aufgenommen. Einer von ihnen ist Andrés Angulo Ortíz de Zárate, siebenundvierzig Jahre alt. In weißem Hemd, weißer Hose und weißen Gummistiefeln schlendert er über einige der Plattformen, die seit 2005 auf dem zwölf Hektar großen Gelände wieder in Betrieb sind. Mit einem hölzernen Abzieher pflügt er das Naturprodukt, das wie Schnee aussieht und mit einer dünnen

Wasserschicht bedeckt ist. »Zwischen Mai und Oktober«, erklärt Señor Angulo, »muss die Salzlake zweimal täglich, einmal gegen zwölf und einmal gegen fünfzehn Uhr dreißig, gedreht und gewendet werden, damit sie trocknen und jeden zweiten Tag eine gewisse Menge Salz geerntet werden kann.« Zuvor jedoch wird deren oberste Schicht, die kostbare *flor de sal,* gepflückt, in hölzerne Kästen gebettet und in die Lagerhallen gebracht, von wo aus die Kunden beliefert werden.

Die Salzgärten von Salinas de Añana, dem am längsten besiedelten Ort von ganz Álava, wurden im Jahr 822 erstmals urkundlich erwähnt. Doch bereits die Römer sollen Evaporationsbecken an den terrassenförmigen Hügeln des Ribera Alta-Gebirges angelegt haben. Diese wurden vor der *reconquista* auch von den Arabern genutzt. Angesichts der Bedeutung des Salzes bei der Nahrungsmittelkonservierung gestand der kastilische König Alfonso VII. dem Ort 1140 eine Reihe sogenannter Foralrechte zu, jene zum Teil bis heute gültigen *fueros,* die damals vor allem Steuerermäßigungen sowie das Marktrecht umfassten. Gleichzeitig erklärte der Monarch die Salzgewinnung zu einem Privileg der Krone. Im späteren Mittelalter gingen allerdings immer mehr Anteile an den Salinen in Privatbesitz über, sodass 1814 schließlich alle Privatisierungsbeschränkungen aufgehoben wurden. Fortan konkurrierten die Eigentümer darum, für ihre Salzpfannen die besten Plätze mit einem Maximum an Sonneneinstrahlung zu ergattern, was zur Folge hatte, dass permanent neue Plattformen samt dazugehörigen Anlagen entstanden.

In den sechziger Jahren des vergangenen Jahrhunderts, auf dem Höhepunkt der Salzproduktion, waren sämtliche Bewohner von Gesaltza Añana mit der Salzgewinnung beschäftigt. Männer, Frauen und Kinder, unter anderem auch die Eltern und die sechs älteren Brüder von Andrés Angulo Ortíz de Zárate, kümmerten sich um die annähernd sechstausend *eras* genannten, jeweils zwanzig Quadratmeter großen Plattformen. Doch nach 1970 lohnte sich das traditionelle, in mühsamer Handarbeit erledigte Geschäft mit dem »weißen Gold« kaum noch. Die Konkurrenz der großen Industriebetriebe, die das Salz schneller, in größeren Mengen und kostengünstiger liefern konnten, machte den privaten Salzgärtnern nach und nach den Garaus. Mit dem Resultat, dass die in Europa ohnehin nicht weit verbreitete terrestrische Salzgewinnung mittels einfacher Verdunstung von Quellsole an der Sonne bedeutungslos wurde. Innerhalb kürzester Zeit verringerte sich nicht nur die Einwohnerschaft des Ortes von sechshundert auf heute unter zweihundert Personen. Auch die Kanäle verrotteten, die Brunnen verfielen. Gleichzeitig nahm die Zahl der Salztische rapide ab. 1993 lag sie bei gerade noch dreihundert.

Im südwestlichen Baskenland schien das definitive Ende des jahrtausendealten Salzmacherhandwerks damit unausweichlich. Bis sich die Eigentümer der Salinen von Añana 1998 zu der Vereinigung Gatzagak zusammenschlossen, mit dem Ziel, die Anlagen zu retten und mit der Salzproduktion eines Tages vielleicht sogar wieder Geld zu verdienen. Im selben Jahr wurde das Ensemble zu einem der siebzehn schützenswerten Denkmäler des baskischen Industrieerbes erklärt und das mannigfaltige Potenzial des überwältigenden Freilichtmuseums erkannt. Neben dem geschichtlichen, architektonischen, wissenschaftlichen und wirtschaftlichen haben die alavesischen Salinen nämlich auch einen unleugbaren touristischen Wert. Geduldig erläutert Andrés Angulo den Neugierigen die Handhabung der kranartigen, trabuquetes genannten Balkenkonstruktionen, mit denen die Sole aus den Sammeltanks in die Salzpfannen gehoben wird. Er erzählt von den beiden Quellen Muera und Viloria, die seit rund zweihundertfünfzig Millionen Jahren aus einer unterirdischen Steinsalzlagerstätte, von denen es in Europa nur sehr wenige gibt, hervorsprudeln und in der Caicedo-Lagune achthundert Meter oberhalb des Ortes zusammenfließen. Deren Wasser wird über oberirdische Holzkanäle auf Stelzen zu den Plattformen geleitet, wo es im Wind und in der Hitze allmählich verdampft und die begehrten Kristalle zurückläßt. Mit zweihundertfünfzig Gramm pro Liter liegt der Natriumchlorid-Gehalt der Añana-Sole drei- bis viermal höher als beim Meerwasser, aus dem etwa in Galicien oder im mediterranen Raum Salz gewonnen wird.

Inzwischen schützt ein Zaun die Anlage vor unbefugtem Zutritt. Dahinter führen Forscher archäologische, geologische und biologische Untersuchungen durch. Arbeiter sind damit beschäftigt, die früheren Gerüste aus Zement, die sich als besonders instabil erwiesen, durch solche aus Kiefernholz zu ersetzen, weil dieses der Korrosion am besten trotzt. Für Touristen, die ihren müden Knochen nach einem Rundgang etwas Gutes gönnen wollen, wurde obendrein ein kleines, nur knöcheltiefes Becken mit Salzwasser angelegt, das zu entspannenden Fußbädern einlädt. Sogar kulturell wird das Gelände inzwischen genutzt. Bei Open-Air-Konzerten und Theateraufführungen dienen die gigantischen Stiegen des Salzwerks, die noch vor wenigen Jahren in Trümmern lagen, als Bühne und als Publikumsränge. Den größten Reiz bei diesen Spektakeln aber bietet die ganz spezielle Akustik im Valle Salado, das seine schlimmste Krise überwunden hat.

Die Kathedralen des Weins

Aus der Rioja Alavesa möchte niemand wegziehen

Auch Biertrinker wissen mittlerweile, dass die bekanntesten Weine Spaniens aus dem Anbaugebiet Rioja stammen. Von baskischen Weinen hingegen haben auch Önologen nördlich der Pyrenäen noch nie etwas gehört. Sogar ihnen kommen Namen von Winzerorten wie Haro, Laguardia, Elciego, Labastida und Samaniego wahrhaft spanisch vor. Diese Dörfer und Städtchen liegen allesamt in dem gerade mal hundertsechzig Quadratkilometer großen Landstrich Rioja Alavesa, der im Norden von den kargen Höhenzügen der Sierra de Cantabria und den Toloño-Bergen sowie im Süden vom Ebro, nach dem Tajo der zweitlängste Fluss auf der Iberischen Halbinsel, begrenzt wird.

Mit ihren etwas mehr als dreitausend Quadratkilometern ist Álava zwar die größte, aber gleichzeitig die am dünnsten besiedelte der drei baskischen Provinzen. Vor allem in ihrem äußersten Süden, an der Grenze zur Nachbarregion Rioja, verlieren sich die Siedlungen und ihre Bewohner förmlich in den Tälern und Ebenen zwischen den Bergen. Natur pur, nirgendwo Anzeichen von Landschaftsverschandelung durch

Fabriken, Industriegebiete und andere Zeugnisse menschlicher Aktivitäten. Fragt sich nur, wovon die Menschen hier eigentlich leben …

»Landflucht? Wie kommen Sie denn darauf?«, gibt Susana ziemlich entgeistert zurück, als wir in ihrem Wagen durch wie ausgestorben wirkende Weiler fahren, auf den kurvenreichen Strecken minutenlang keinem anderen Verkehrsteilnehmer begegnen und mein Blick haltlos über trockenes, welliges Land schweift. »Landflucht ist bei uns kein Thema«, erklärt meine Begleiterin. Im selben Moment nimmt sie den Fuß vom Gaspedal und zeigt auf die Olivenhaine, die Getreide- und Kartoffelfelder, aber vor allem auf jene zahlreichen akkurat angelegten Parzellen, die häufig bis an den Asphalt heranreichen und jetzt, im Frühherbst, in saftigem Grün leuchten. »Da, schauen Sie selbst!«, fordert Susana mich auf. »Es gibt keinen Grund, von hier wegzuziehen.«

Und was sehe ich? Riesige, von Feld- und Wanderwegen durchzogene Areale, die sich bei genauerem Blick als Weingärten zu erkennen geben.

Die niedrigen, nach allen Seiten wuchernden Reben, die in der Rioja traditionell in Buschform gezogen werden, sind also die Erklärung dafür, dass die Jungen nicht im Traum daran denken, die Gegend zu verlassen. »Hier hat quasi jede Familie mit dem Weinbau zu tun«, erläutert Susana, »und es ging den etwa sechshundert *bodegas*, den

Kellereien in unserer Region, noch nie so gut wie heute.«

Ein erster Beweis für den allgemeinen Wohlstand? Nun, in dem auch historisch und architektonisch reizvollen, noch mittelalterlich ummauerten Städtchen Laguardia kommen auf rund tausendvierhundert Einwohner nicht weniger als sieben Banken. Deren Angestellte machen sich zweifellos eine Ehre daraus, das im Weinhandel erwirtschaftete Geld ihrer Kunden fürsorglich zu verwalten und zu mehren. Zumal seit einigen Jahren noch eine weitere äußerst einträgliche Einkommensquelle hinzugekommen ist: der Weintourismus. Dieser Zweig des Fremdenverkehrs gedeiht prächtig, seit die Besitzer der Weingüter in der Rioja Alavesa die Architektur und kürzlich auch das unaufhörliche Streben des Menschen nach körperlichem Wohlbefinden als Lockmittel entdeckt haben. Und die – der zweite Beweis für die Zahlungskraft der einheimischen Gutsbesitzer – auch in der Lage sind, sich die entsprechenden Werbemaßnahmen durchaus etwas kosten zu lassen.

»Kathedralen des Weins« nennt man die spektakulären *bodegas*, die in den letzten Jahren im tiefen baskischen Süden entstanden sind: avantgardistische Hingucker, realisiert nach Plänen weltweit renommierter Stararchitekten, die gewiss nicht aus bloßer Liebe zur Landschaft und zu einem guten Tropfen in dieser abgelegenen ländlichen Region aktiv wurden.

Nur wenige Kilometer außerhalb von Laguardia beispielsweise hat Santiago Calatrava, einer der berühmtesten spanischen Architekten, eine Kellerei für das erst im Jahr 2000 gegründete Weingut Ysios entworfen. Der flache Bau aus Zedernholz imitiert mit seinem gewellten Dach aus vierkantigen Aluminiumrohren geschickt die umliegende Hügellandschaft. In Wellenlinien sind auch die noch jungen Weinfässer im Inneren des Saales arrangiert, in dem jede Besucherführung selbstredend mit einer Verkostung endet.

Weltweit zweifellos noch prominenter ist der Baumeister, der Elciego, einem Nachbarort von Laguardia, seinen unverkennbaren kreativen Stempel aufgedrückt hat: Frank O. Gehry. Allein sein Name lockt monatlich rund dreitausend Touristen zu dem 2006 eröffneten Fünfsternehotel, das er im Auftrag der bekannten, bereits 1858 gegründeten Bodega Marqués de Riscal errichtete. Etliche Gäste werden vor ihrem Eintreffen hier schon das ebenfalls von dem amerikanisch-kanadischen Architekten geschaffene Guggenheim-Museum im nur hundert Kilometer entfernten Bilbao besucht haben und erstaunliche Parallelen entdecken. In beiden Fällen spielt Gehry nämlich mit anmutig geschwungenen Titanplatten, die in Elciego zudem frei in den Himmel züngeln und damit unmittelbar auf die Blätter und die verschlungenen Äste der umliegenden Weinreben verweisen. Ferner geht von diesen luftigen Bändern ein buntes Schimmern aus, das direkten Bezug auf die Essenz der Region nimmt: Gold steht für das Netz aus Fäden, das die Weinflaschen umgibt, Silber für die Kapsel über dem Korken, während Rosarot die Trauben symbolisiert.

Von den blühenden Geschäften der großen Kellereien profitieren auch die kleinen Weinbauernfamilien, denen immerhin neunzig Prozent der riojanischen Weinfelder gehören und die ausschließlich Trauben produzieren und ernten, um sie an die *bodegas* zu verkaufen. Dass man mit den Früchten ihrer Reben auch noch ganz andere Dinge anstellen kann, als sie bloß zu essen oder in flüssiger Form zu trinken, das wäre den meisten baskischen Winzern wohl nicht im Traum eingefallen. Aber dafür leisten Luxushotels sich schließlich findige PR-Abteilungen. So wenig wie das noch relativ junge Hotel Marqués de Riscal in Elciego gibt sich auch das traditionsreichere Hotel Villa de Laguardia damit zufrieden, lediglich Zimmer zu vermieten und Essen zu servieren. Hier wie dort wird das Angebot um ein sogenanntes Wellness-Center erweitert, in dem sich die Gäste den unterschiedlichsten Wohltaten der Vinotherapie hingeben können.

Verrückt, was man nicht alles unternehmen, oder besser: über sich ergehen lassen kann, um die, wie es in den Hotelprospekten heißt, »entspannenden und revitalisierenden Vorzüge der Traube und des Weins« zu entdecken. Beispielsweise Mozart hören und sich gleichzeitig mit Traubenkernöl massieren, mit dem Fruchtfleisch der Trauben peelen lassen; sich unter eine Dusche stellen, aus der Rot-, Weiß-, Rosé- oder Schaumwein sprudelt; in ein mit Traubenextrakt gefülltes Eichenfass steigen und dort eine halbe Ewigkeit ausharren; von einer Beauty- und Antistress-Spezialistin eine »Pulp Friction« mit frischen Trauben durchführen lassen; seinen Körper ganzflächig mit Weinblättern abgerieben bekommen; minutenlang unterschiedliche Weinbouquets einatmen; sich mit einem fangoähnlichen Gemisch aus Wein und Honig einschmieren lassen …

Im Schönheits- und Gesundheitszentrum des Hotels Villa de Laguardia werden neben Trauben auch noch andere Naturprodukte aus der Provinz Álava angewendet: Schafsmilch aus Ayala, Salz aus den Salinen von Añana, Trüffeln aus Campezo und Schokolade aus Vitoria. Wie bescheiden nehmen sich dagegen die Wünsche aus, die in der Bodega El Fabulista in Laguardia erfüllt werden! Erklärungen zu den traditionellen Methoden der Weinherstellung, ein ausführlicher Blick auf die alten Arbeitsgeräte, ein Rundgang durch das sieben Meter tief in die Erde gegrabene Gewölbe, wo sich im spärlichen Licht des kühlen Lagers und unter dicken Staubschichten alte Fässer und Flaschen stapeln – mehr erwarten die Besucher dieser Kellerei gar nicht, wenn sie sich zum Schluss der Führung auch noch über die beiden jeweils vier Meter tiefen, ausgemauerten Gruben beugen dürfen, in die die Trauben geschüttet und anschließend in geduldiger Fußarbeit so lange zerstampft werden, bis der Saft ganz unten durch ein Loch im Boden abläuft.

»Nur noch zwei *bodegas* in Laguardia greifen bis heute auf diese uralte Methode zurück und verzichten bewusst auf die Hightech-Maschinerie der großen Kellereien«, behauptet Eusebio Santamaría, der derzeitige Eigentümer der Bodega El Fabulista. Seinen Namen hat das kleine Privatunternehmen übrigens von Félix María Serafín Sánchez de Samaniego, der 1745 in Laguardia geboren wurde, 1801 hier starb und eine Zeit lang dieses Haus besaß. Als Fabeldichter ist Félix María Samaniego in die spanische Literaturgeschichte eingegangen. Im Gegensatz zu den meisten Freunden und Nachbarn aus seinem Heimatort hatte er mit Trauben und Wein beruflich freilich nie etwas zu tun. Das zumindest wird in seiner Vita behauptet.

Männer mit Äxten und Bällen aus Ziegenleder

»Pelota« ist längst nicht die einzige traditionelle baskische Sportart

Völlig unerwartet ist die Plaza de la Trinidad am Rande der Altstadt von Donostia eines Nachmittags verrammelt. Ein übermannshoher blickdichter Bretterzaun versperrt den Zugang, der nur möglich ist, wenn man acht Euro vierzig Eintritt bezahlt. Hinter der Wand hervor hört man Stimmen, Musik, Gekeuche und Geschnaufe. Und neben dem Kassenhäuschen hängt ein Plakat, auf dem in fetten Buchstaben »AIZKOLARIS« steht sowie kräftige Männer in Muskelshirts und mit geschulterten Äxten abgebildet sind.

Eine solche Gelegenheit darf man sich, trotz der gepfefferten Ticketpreise, natürlich nicht entgehen lassen. Schließlich findet die gipuzkoanische Meisterschaft im Holzhacken nur einmal im Jahr statt, jeweils Anfang September auf dem Dreifaltigkeitsplatz in San Sebastián.

Die Publikumsränge sind bereits gut gefüllt, ein paar jüngere Zuschauer haben sogar Tröten mitgebracht, um ihre Lieblinge anzufeuern. Die fünf Kontrahenten, die es ins Finale der stärksten und schnellsten baskischen Holzfäller geschafft haben, halten sich einstweilen noch im Hintergrund, prüfen ihre Sportgeräte, machen ein paar Dehnübungen, stoßen schon mal ein paar kräftige Zischlaute aus. Eifrige Helfer reichen ihnen Wasserflaschen und Handtücher, während sie sich auf den bald beginnenden Wettkampf vorbereiten. Noch rasch ein paar gezielte Hiebe, um sich einzuhauen. Ein letztes Mal wird der Sitz der Hose geprüft. Dann fordert der Oberschiedsrichter die *aizkolaris* über Mikrofon auf, ihre Startposition einzunehmen.

Auf dem betonierten Platz liegen in fünf säuberlichen Reihen jeweils zehn identisch abgemessene Holzblöcke bereit. Die Rinde der in gleich große Teile zerlegten Baumstämme, auf denen die Athleten gleich in Stellung gehen werden, wurde sorgfältig entfernt; Klötze mit Knoten oder sonstigen Unebenheiten in der Struktur hat man aussortiert, damit alle Teilnehmer unter den gleichen Bedingungen antreten können.

Ein Pfiff, fünf Schreie, Gegröle von den Tribünen. Mit Wucht und Präzision schlagen die kräftigen Kerle zu, dicke Holzstücke wirbeln durch die Luft. Wenn der Laie sieht, mit welch erstaunlicher Geschwindigkeit die Sportsmänner die Axt in den hölzernen Brocken sausen lassen, auf dem sie gerade noch das Gleichgewicht halten können, befürchtet er in jedem Moment einen gespaltenen Fuß, ein aufgeschlitztes Schienbein, ein zertrümmertes Knie. Doch keine Bange! Schon nach wenigen Minuten lässt die Kraft und damit auch der Eifer der Finalisten merklich nach. Bald wird der eine blass um die Nase, ein anderer bekommt Schaum vor den Mund, ein dritter richtet sich auf, fährt sich mit dem Handrücken über die Stirn und pausiert, um wieder zu Atem zu kommen. Die Zuschauer indes begleiten jede dieser Wendungen mit engagierten Anfeuerungen. Fanatisch schwenken sie die Fäuste, brüllen ihre Favoriten so laut an, dass die Halsschlagadern unnatürlich dick hervortreten.

Klack! Klackklack! Klack! Klackklack! Unaufhaltsam, Zentimeter für Zentimeter setzt der Teilnehmer im weißen T-Shirt sich ab. Im Rhythmus eines Roboters beugt und streckt er das Rückgrat, hebt seine Axt mit beiden Armen über den Kopf, holt kurz Luft und lässt sie exakt an der anvisierten Stelle in den Holzblock krachen. Riesenspäne stieben zur Seite. Die Stimme des Live-Kommentators überschlägt sich, schon lange hält es die Fans nicht mehr auf ihren Sitzen. Nach genau zweiunddreißig Minuten und neun Sekunden steht der Gewinner fest. Er heißt Joxemari Olasagasti und ist mit seinen fünfzig Jahren nicht nur der älteste, sondern auch der erfahrenste aller Teilnehmer. Und der erfolgreichste obendrein, denn dieses Jahr darf er sich die Sieger-*Txapela* des gipuzkoanischen Holzfällermeisters bereits zum zwölften Mal aufsetzen. Zudem erhält er einen Scheck in unbekannter Höhe, eine Trophäe für die heimische Vitrine und jede Menge Schulterklopfer seitens seiner Mitstreiter. Auch die Zuschauer verlassen zufrieden die Arena. Sie sind sichtlich stolz auf ihre starken Männer, aber vor allem auf die Tatsache, dass eine typisch baskische Sportart wie das Holzhacken bis heute überlebt hat und immer noch ihre Anhänger findet.

Es gibt noch viele andere ähnliche Disziplinen, bei denen der Fremde häufig nicht weiß, ob sie eher zur baskischen Folklore zu rechnen oder als authentische Sportarten zu bezeichnen sind. Gut, die Steineheber, Tauzieher, Ziegenhirten, Schafscherer und Ruderer können es in puncto Popularität sicherlich nicht mit den hochbezahlten Profis aus den Fußballvereinen Real Sociedad San Sebastián und Athletic Bilbao aufnehmen. Aber ihr Ansehen als Bewahrer alter baskischer Riten und Rituale steht dem der Kicker gewiss kaum nach. Zumindest nicht in den Kreisen jener traditionsbewussten Basken, die sich für den Erhalt überlieferter Bräuche und Gepflogenheiten, für das Weiterbestehen jener Freizeitaktivitäten einsetzen, die sich vor langer Zeit aus der alltäglichen Arbeit der Landwirte, Fischer und Handwerker der Region entwickelten.

Nicht volkstümlichen, sondern vermutlich adligen und auch nicht originär baskischen Ursprungs ist hingegen die bekannteste aller vermeintlich typischen Sportarten zwischen San Sebastián, Bilbao und Vitoria: die *pelota vasca*. Schon die Inkas und Azteken, die alten Römer, die nordamerikanischen Indianer und etliche andere Völker sollen Varianten davon praktiziert haben. Als »jeu de paume« und »pallone a bracciale« kennt man dieses Ballspiel seit dem 16. Jahrhundert auch in Frankreich und Italien. Im frühen 18. Jahrhundert kam es schließlich nach Nordspanien – und wurde auch schon mal verboten, weil es bei offiziellen Begegnungen häufig zu Problemen im Zusammenhang mit Wetten, Betrügereien und allerlei Manipulationen kam.

Bis heute haben sich unzählige Arten von *pelota vasca* entwickelt. Die wichtigsten, auch für den Laien verständlichen Unterschiede betreffen die drei Hauptkategorien: die *pelota a mano*, bei welcher der kleine mit Ziegenleder bezogene Vollgummiball mit der bloßen Hand gespielt wird; die weniger populäre *pelota a pala*, bei der ein Holzschläger zum Einsatz kommt; und schließlich die *cesta punta*, benannt nach jenem korbähnlichen Gerät, das mit dem Handschuh des *pelotari* verbunden ist. Gespielt wird überall, wo eine Längswand und eine schmalere Kopfwand zur Verfügung stehen, und sei es, wie früher häufig der Fall, die Fassade einer Kirche im Verbund mit der Außenmauer der angrenzenden Sakristei. Heute verfügt indes jedes noch so kleine Dorf, das etwas auf sich und sein Baskentum hält, über ein *Pelota*-Feld, das sich aus der *frontón* genannten Wand über Eck und aus der eigentlichen Spielfläche, der *cancha*, zusammensetzt.

Plock! Plock! Plock! Ein Knall wie ein Pistolenschuss. Und noch einer. Dann ein matteres Plopp. Schließlich ein schlaffes Doppelpfloff. Gleich darauf ertönt die Stimme des Trainers, der die Schulterhaltung seines Schülers bemängelt, dessen Beinstellung korrigiert. Wie in einer Kathedrale hallen sämtliche Geräusche durch die *Jai-Alai*-Stätten, feierlich fast.

Jai alai bedeutet »fröhliches Spiel«. Gleichzeitig ist der Ausdruck ein Synonym für *cesta punta*, die spektakulärste, weil rasanteste *Pelota*-Variante, die es als schnellste Ballsportart der Welt ins Guinnessbuch der Rekorde geschafft hat.

»Der Weltrekord steht derzeit bei etwas mehr als dreihundert Stundenkilometern«, erklärt Gonzalo Beaskoetxea, mit dem ich in der Sporthalle von Guernica verabredet bin. Señor Beaskoetxea ist zwar nicht selbst der Halter dieses Rekords, aber als mehrfacher Weltmeister in *Pelota*-Kreisen dennoch bestens bekannt. Nachdem er 1968 als Vierzehnjähriger eine Goldmedaille bei den Olympischen Spielen in Mexiko gewonnen hatte – *pelota vasca* war damals, wie schon 1924 und noch einmal 1992 in Barcelona, Demonstrationssportart –, beschloss er, fortan als professioneller *Cesta-punta*-Spieler um den Globus zu reisen. *Pelota* wird nämlich überall dort praktiziert, wohin Basken im Lauf der Zeit auswanderten, also sowohl in Süd- und Mittelamerika als auch in den USA, hauptsächlich in Florida, sowie auf den Philippinen. 1994 endete Gonzalos Profikarriere, nicht aber das Engagement für seinen Sport. Noch in seiner aktiven Zeit übernahm er einen Trainerposten in der 1991 gegründeten Gernika Jai Alai Eskola; seit 1996 hat er drei Bücher über sein Lieblingsthema veröffentlicht: ein Lehrbuch, eine historische Abhandlung über *cesta punta* sowie einen Band über die Geschichte und Architektur des *frontón* von Guernica.

Nach der nicht eben bescheidenen Überzeugung von Luis Urtubi, dem derzeitigen Präsidenten des lokalen *Pelota*-Vereins, handelt es sich bei dem *Jai-Alai*-Gebäude um die beste *Pelota*-Spielstätte weltweit. »Es ist zwar nicht die größte und auch nicht die modernste«, gesteht er, »aber vom architektonischen Standpunkt aus betrachtet sicherlich die für das Spiel, die *pelotaris* und die Zuschauer am besten geeignete.«

Auch Señor Urtubi, von Beruf Schiffbauingenieur, hat eine typisch baskische Emigrationsgeschichte hinter sich. Geboren wurde er vor zweiundfünfzig Jahren als Sohn baskischer Auswanderer in Australien. Dort lernte er Rugby kennen und schätzen, ohne jemals etwas von *pelota vasca* vernommen zu haben. Das änderte sich, als die Eltern beschlossen, in ihre alte Heimat zurückzukehren. »Erst als ich im Baskenland lebte, kam ich in Kontakt mit *cesta punta* und war sofort von dieser rassigen Disziplin begeistert.«

Die sportliche Nachfolge ist in der Familie Urtubi jedenfalls gesichert. Der Nachwuchsspieler, der sich vorhin von Gonzalo Beaskoetxea lautstark belehren lassen musste, ist nämlich niemand anderer als Luis' siebzehnjähriger Sohn Markel. »Talent hat er«, behauptet sein Übungsleiter, »aber ob er ein ganz Großer wird, eines Tages nach Amerika geht, wo man als *pelotari* noch richtig Geld, also gut und gerne achttausend Dollar im Monat, verdienen kann – das weiß niemand.«

Der Raum und die Leere, das Meer und die Stille

Zu Besuch bei den Werken des Bildhauers Eduardo Chillida

Man muss schon zweimal hinschauen. Kann das sein? Nein, der kleine, drahtige Mann, der da vor einem steht, ist unmöglich Eduardo Chillida. Der berühmteste baskische Bildhauer des 20. Jahrhunderts ist 2002 im Alter von achtundsiebzig Jahren verstorben. Künstlerisch lebt er selbstverständlich in seinen Werken fort. Und physisch, wie zahllose Fotos und Filmausschnitte belegen, offenbar in seinem 1962 geborenen Sohn Luis: die gleiche sehnige Gestalt, die gleiche hohe Stirn mit dem schütteren Haar, die gleiche markante Nase, der gleiche breite Mund mit den schmalen Lippen. Sogar der Gang, die ganze Körperhaltung, selbst die Stimmen der beiden sind sich zum Verwechseln ähnlich, wie bei einem Besuch in dem Privatmuseum vor den Toren von Hernani festzustellen ist.

Inmitten der saftig grünen baskischen Natur, aber gleichzeitig eingezwängt zwischen vielbefahrenen Autobahntrassen, lärmenden Baustellen und der scheußlichen Architektur eines

Gewerbegebiets wurde hier im September 2000 ein dreizehn Hektar großer Landschaftsgarten eröffnet, der sich in den ersten Jahren zu einem der stärksten Besuchermagneten Nordspaniens mauserte, aber seit dem 1. Januar 2011 aufgrund finanzieller Probleme nur noch für Fachbesucher und für Gruppen nach vorheriger Anmeldung geöffnet ist: Chillida-Leku, was übersetzt so viel bedeutet wie Chillidas Ort. Ein Freiluftmuseum wie es weit und breit kein vergleichbares gibt. Ein fantastischer Skulpturenpark. Eine Oase der Stille, der Kontemplation, des ungestörten Kunstgenusses. Oder die Verwirklichung eines Traumes, wie der Meister selbst die Welt einst wissen ließ: »Eines Tages träumte ich von einer Utopie. Ich wollte einen Raum finden, in dem meine Skulpturen Ruhe finden und die Menschen zwischen ihnen herumspazieren könnten wie in einem Wald.«

In dem kleinen Ort Hernani, etwa fünfzehn Kilometer außerhalb von Chillidas Geburtsstadt Donostia / San Sebastián gelegen, stießen er und seine Frau Pilar Belzunce, genannt Pili, 1982 auf das Objekt ihrer Begierde. Das Gehöft Zabalaga umfasste ein zwanzigtausend Quadratmeter großes Grundstück und ein zentral gelegenes Bauernhaus, das 1543 errichtet worden, aber zwischenzeitlich zur Ruine verkommen war. Obwohl viel Arbeit und Aufwand erforderlich waren, bot der ehemalige Gutshof den bestmöglichen Rahmen für die Umsetzung der erträumten Utopie in die Realität.

Heute verteilen sich auf dem als Gesamtkunstwerk konzipierten Gelände vierzig meist großformatige, tonnenschwere Werke aus Eisen, Stahl und Granit, die unter unzähligen Buchen, Eichen, Linden und Zedern ihren idealen Standort gefunden haben. In diesem offenen, wie verzaubert wirkenden Naturraum kann der Wind frei durch sie hindurchblasen; hier können die ungeschützt der Witterung und der Oxidation ausgesetzten Werke so atmen, wie ihr Schöpfer es sich wünschte. Auch das alte Bauernhaus ist inzwischen umfassend renoviert worden und wird als Ausstellungsgebäude genutzt. Auf seinen zwei Etagen mit vier großzügig gestalteten Sälen können insgesamt rund hundert Skulpturen kleineren und mittleren Formats besichtigt werden, hauptsächlich Gips- und Terracottafiguren, sowie Zeichnungen und Gemälde aus der frühen Schaffensphase um 1950. Damals weilte Chillida für zwei, drei Jahre in Paris, wo er jedoch nicht wirklich glücklich wurde und folglich beschloss, in sein geliebtes Baskenland, »an die dunklen Wellen des Atlantiks«, wie er es nannte, zurückzukehren.

Zum Museum gehört ferner ein kleines Empfangsgebäude mit einem Laden voller Bücher, Videos, Plakaten, Drucken, Papeterie- und Geschenkartikeln, einer Fachbibliothek und einem

Auditorium, in dem Filmsequenzen über den Künstler bei der Arbeit und umfassende Dokumentarfilme gezeigt werden. Direktor des Ensembles und zudem zuständig für Werbung und Marketing des Familienunternehmens ist besagter Luis Chillida: ein freundlicher, zurückhaltender, meist verschmitzt lächelnder Mann, der seine Gäste mit bedächtigen Bewegungen begrüßt und ihnen mit sanft-heiserer Stimme Auskunft über alles erteilt, was sie über seinen Vater, dessen Werk, seine Frau, seine acht Kinder wissen wollen. Seine eigene, durchaus nicht nur feingeistige Vergangenheit sieht man Luis indes nicht an. Und wäre man nicht zufällig über einen aufschlussreichen Zeitungsartikel gestolpert, von dem sehr besonnen wirkenden Mann würde man über seine eigene Geschichte rein gar nichts erfahren.

In jenem Pressebericht ist erstaunlicherweise zu lesen, dass Luis sich in jungen Jahren nicht so sehr von der Kunst seines Vaters, sondern vielmehr vom Rausch der Geschwindigkeit und von der Faszination ohrenbetäubenden Motorenlärms angezogen fühlte. Als er Mitte zwanzig war, deutete nichts darauf hin, dass er sich dereinst vollberuflich und in enger Zusammenarbeit mit mehreren seiner sieben Geschwister um das künstlerische Erbe des Vaters kümmern würde. Stattdessen nahm er mit großer Begeisterung zunächst an Motorradrennen und später auch an Autoralleys sowie der spanischen Tourenwagen-

Meisterschaft teil. Obwohl er sich 1998 offiziell vom aktiven Sportgeschehen verabschiedet hatte, um sich fortan seiner verantwortungsvollen Arbeit im Chillida-Museum zu widmen, kehrte er 2001 noch einmal auf die Pisten zurück. Als Biker nahm er die Strecke Paris–Dakar in Angriff, musste aufgrund eines mechanischen Defekts jedoch auf halber Strecke aufgeben. Das Virus dieses legendären Rennens aber hat Luis bis heute nicht mehr verlassen. Sein großer Traum wird sich erst erfüllen, wenn er, wie geplant, irgendwann im Cockpit eines vierrädrigen Untersatzes an dieser berühmtesten aller Ralleys teilnehmen kann.

Sportlich talentiert war übrigens auch Luis' Vater. Bevor Eduardo zur Bildhauerei und zur Malerei kam, studierte er eine Weile Architektur; noch früher liebäugelte er mit einer Karriere als Profifußballer. Als Torhüter von Real Sociedad San Sebastián schaffte er es sogar in die Primera División, doch ein zerschmettertes Knie setzte seiner Sportlerlaufbahn ein abruptes Ende. Der Liebe zu seiner Geburtsstadt tat diese Enttäuschung jedoch keinen Abbruch. Als er merkte, dass seine künstlerische Entwicklung in Paris stagnierte, kehrte er in seine baskische Heimat zurück und sollte sie nie wieder verlassen. »Mein Vater fühlte sich stets stark mit dem Baskenland verbunden, ohne aber deswegen nationalistische Gefühle zu empfinden«, erklärt Luis im Gespräch. »Er sah sich als Baum, dessen Wurzeln tief in der Kultur, der Landschaft, dem Klima und dem Licht des Baskenlands verankert waren, der aber gleichzeitig seine Äste und Zweige in die ganze Welt ausstreckte.«

Dieses Bild kann auch als politische Botschaft interpretiert werden, als Metapher der Versöhnung und des Friedens, der in einer Region wie dem Baskenland natürlich besondere Bedeutung zukommt. Obwohl, direkt politisch hat sich Chillida nur selten und meistens auffallend reserviert geäußert; stattdessen strich er immer wieder seine Unabhängigkeit als Bürger wie als Künstler hervor. Folglich wurde ihm, zusätzlich zu allen wichtigen Kunstpreisen, auch der Titel »Vasco Universal« keineswegs für wohlfeile ideologische Stellungnahmen verliehen, sondern weil er mit seinem Werk auf besondere Weise zum Ansehen des Baskenlands in der Welt beigetragen hat.

Als Symbol gegen den Terror baskischer Separatisten und für Toleranz gilt nichtsdestotrotz jenes Werk von Eduardo Chillida, das er seiner Heimatstadt einst schenkte, das auf keinem Foto von Donostia fehlen darf und das mindestens so bekannt ist wie die monumentale, seit dem Jahr 2000 vor dem Bundeskanzleramt in Berlin thronende Eisenplastik: der »Peine del viento«, Windkamm. Diese dreiteilige Skulptur am äußersten Ende des Ondarreta-Strandes ist aus der Ferne nicht zu sehen. Man muss sich schon über den nördlichen Rand der Muschelbucht hinaus begeben und die nach Chillida benannte Promenade hinter sich bringen, um nach einer jähen Wegbiegung plötzlich ohrenbetäubendes Meeresrauschen, das Tosen aufsprühender Gischt zu vernehmen. Mit ungebremster Wucht krachen die Wellen hier gegen die Felsen, lassen heftige Windböen entstehen und werden von den wie überdimensionale Tentakel ins Leere greifenden Stahlzangen förmlich gekämmt.

Es ist beileibe kein Zufall, dass Chillida seinen fröhlich vor sich hin rostenden Windkamm 1977 ausgerechnet in dieser entlegenen, wilden Ecke von Donostia an die Felsen schrauben ließ. Genau hier befand sich einst die steinerne Höhle im Inneren des Monte Igeldo, in der er als Schüler mit seinen Freunden häufig Zuflucht suchte. Jahrzehnte später, von 1982 bis zu seinem Tod 2002, bewohnte Chillida mit seiner Familie sogar ein Haus am südlichen Igeldo-Hang, nur wenige Schritte entfernt von dem von ihm geschaffenen stählernen Zeugnis menschlicher Vergänglichkeit, von dem der Rost in zehn Jahren angeblich einen Millimeter wegfrisst.

Noch viele andere Werke von Eduardo Chillida sind über ganz Donostia/San Sebastián, ja über das gesamte Baskenland verteilt; solche, die der Öffentlichkeit leicht zugänglich sind, aber auch solche, nach denen man gezielt Ausschau halten muss. Zu Letzteren zählen beispielsweise die kleinformatigen Zeichnungen, Radierungen, Collagen und Druckgrafiken, die auf den Fluren und im Treppenhaus des Hotel Niza, einem der schmalen Gebäude am Paseo de la Concha, hängen. Auch das ist kein Zufall, denn das Hotel Niza befindet sich seit Langem im Besitz der Familie Chillida. Was liegt demnach näher, als mit dem Werk ihres berühmtesten Angehörigen um Gäste zu werben? Was schließlich auch die lokale Sparkasse Kutxa und die Universität des Baskenlands tun, deren Logos von Chillida entworfen wurden.

Doch nicht nur in seiner Heimat genießt der Künstler hohes Ansehen. Zu Lebzeiten pflegte Chillida auch zum Ausland gute Beziehungen, besonders zu Deutschland, und das nicht nur zu Berlin, wie die Plastik vor dem dortigen Bundeskanzleramt belegt. In vielen anderen deutschen Städten wie München, Frankfurt, Köln, Düsseldorf, Duisburg, Bonn und Münster beleben Chillida-Werke den öffentlichen Raum. Zudem nahm der berühmte Baske nicht weniger als rekordverdächtige viermal – 1959, 1964, 1968 und 1977 – an der »documenta« in Kassel teil.

»Zu Deutschland hatte mein Vater ein ganz besonderes Verhältnis entwickelt«, erklärt Luis, der Sohn. »Sein Leben lang war er ein Bewunderer deutscher Kultur, deutscher Dichter, Denker und Musiker. Diese Wertschätzung schlug sich in zahlreichen Arbeiten nieder, sodass beispielsweise Bach, Goethe, Novalis und Heidegger auf plastische Weise eine Würdigung erfuhren. Doch die Deutschen waren auch die Ersten, die das Werk von Eduardo Chillida verstanden und dessen Bedeutung erkannten. Das hat Eduardo ihnen nie vergessen.«

Was man lieber nicht tun sollte

Nachwort

Am liebsten hätte ich dieses Buch nicht geschrieben. Nicht aus Faulheit, oh nein, aber auch nicht, weil ich am berühmten Bartleby-Syndrom leiden und es, wie die Figur Herman Melvilles, vorziehen würde, »es lieber nicht zu tun«. Nein, am liebsten hätte ich all die Impressionen und Informationen, die in diesem Buch an die Leser weitergegeben werden, für mich behalten, aus reinem Egoismus oder, wenn man so will, aus Respekt vor den Menschen, die ich auf meinen Touren durch das Baskenland kennengelernt habe, die mich bei sich aufnahmen, mich bewirteten, mir ihr Leben und von ihrem Schaffen erzählten und denen ich das Schicksal vieler ihrer spanischen Mitbürger an der Costa Brava, der Costa Blanca, der Costa del Sol, von den Kanaren und den Balearen unbedingt ersparen möchte.

Ja, eigentlich möchte ich meine Liebe zum Baskenland mit niemandem teilen, niemandem verraten, wie sehr ich mich zu seinen Einwohnern und ihrer Art, das Leben anzugehen und zu meistern, hingezogen fühle. Auf keinen Fall will ich bloße Nachahmer oder simple Trittbrettfahrer dazu animieren, sich ebenfalls umfassender mit dem Charakter dieser Menschen zu beschäftigen, sich auch einmal genauer in dieser Region Spaniens umzusehen. In einer Region, die – trotz des längst weltweit kolportierten Guggenheim-Effekts von Bilbao und des inzwischen auch internationalen Renommees des Filmfestivals von San Sebastián – vom Massentourismus bislang verschont geblieben ist. Einer Region, von der die meisten nicht einmal ahnen, dass es eine derart unbekannte Ecke auf der Iberischen Halbinsel überhaupt noch gibt. Einer Region, die den gängigen Vorstellungen von Spanien genauso wenig entspricht wie, im Gegensatz dazu, Andalusien, ihr geografisches Gegenstück, jedes spanische Klischee geradezu in Vollendung zu verkörpern scheint.

Den klassischen Andalusien-Bildern vom feurigen Don Juan und der glutäugigen Flamenco-Tänzerin, vom todesmutigen *torero* und der sherryseligen *fiesta* hat das Baskenland jedenfalls bloß eine, mit Verlaub, banale Kopfbedeckung entgegenzusetzen: die Baskenmütze. Bei der Aufzählung des typisch Baskischen wäre eventuell noch – aber bereits in diesem Punkt scheiden sich die Geister – die wahrhaft einzigartige baskische Sprache zu nennen, vielleicht noch die ETA, doch über die spricht man hier nicht gerne, schon gar nicht mit Ausländern und noch weniger, wenn es um touristische Belange geht. Und sonst?

Zum Glück, möchte ich behaupten, weiß die Welt wenig bis nichts über das País Vasco. Zum Glück kommt nördlich der Pyrenäen kaum jemand auf die Idee, seinen Urlaub in Fischerorten mit unaussprechlichen Namen wie Hondarribia, Zarautz, Zumaia, Ondarroa oder Cabo Matxitxako zu verbringen. Und es sieht, zu meiner großen Erleichterung, nicht so aus, als würde sich daran kurzfristig etwas ändern. Nur dieses Desinteresse, vermischt mit einer gehörigen Portion Unkenntnis, Scheu oder Angst, bewirkt nämlich, dass die Basken wie eh und je die meiste Zeit unter sich bleiben können und sich nur gelegentlich Gästen von auswärts widmen müssen. Genau aus diesem Grund und unter diesen erfreulichen Umständen ist es ihnen gelungen, sich ihre Eigenarten, zu denen natürlich auch ihre Eigentümlichkeiten und ihre unbestrittenen Macken zählen, zu erhalten.

Damit die noch weitgehend unverfälschte baskische Authentizität auch in Zukunft bewahrt bleibt, tut man als Reiseschriftsteller und auch als einfacher Tourist gut daran, sich zurückzuhalten mit seinen Lobeshymnen auf jenen berechtigten Stolz, der den Basken gelegentlich – vor allem seitens eingefleischter Madrilenen – als schiere Arroganz ausgelegt wird, vergleichbar nur mit der Eingebildetheit der Einwohner Barcelonas. Um nicht unnötig schlafende Baskenhunde zu wecken, ist es ratsam, seine Zuneigung zur energiegeladenen Lebendigkeit der baskischen

Städte sowie seine Affinität zu der wohltuenden Beschaulichkeit des baskischen Landlebens nicht allzu laut hinauszuposaunen. Besser, man schwärmt nicht zu heftig vom rauen, aber nichtsdestoweniger unwiderstehlichen Charme der baskischen Sturköpfigkeit; besser, man beteiligt sich einfach ohne viel Aufhebens an den häufig kuriosen Sitten und Gebräuchen der Basken und genießt im Stillen ihre seltene Fähigkeit, Heimatstolz und Weltoffenheit, Tradition und Avantgarde miteinander zu verbinden; besser, man mischt sich ohne lange zu fragen in den baskischen Alltag mit seinen unzweifelhaften Annehmlichkeiten und erzählt zu Hause nicht allzu begeistert davon, welch wunderbare Zeit man im Städtedreieck zwischen Bilbao, Vitoria und San Sebastián, an den Küsten am Golf von Bizkaia, in den Hügeln der Rioja Alavesa verbracht hat.

Aber ist ein Glücksgefühl nicht gerade dann am stärksten, wenn man es mit jemandem teilen kann?

Nachsatz

Einigen der hier veröffentlichten Reportagen liegen Texte zugrunde, die erstmals in der *Frankfurter Allgemeinen Zeitung*, der *Neuen Zürcher Zeitung*, dem *Lëtzebuerger Land* (Luxemburg) und dem *Tageblatt* (Esch/Alzette) erschienen sind. Für die vorliegende Buchausgabe wurden alle überarbeitet, aktualisiert und inhaltlich ergänzt.